세 계 를  읽 다

호주

일사 샤프 지음 l 김은지 옮김

가지
KINDS
BOOK

한국에 본격적인 세계여행 안내서가 만들어진 것은 1980년대 후반, 해외여행 자유화 조치 바람을 타고 일본 책을 번역 출간한 『세계를 간다』(당시 중앙일보사 펴냄) 시리즈가 원조 격이었다. 그 후로 30년 가까이 된 지금, 매우 다양한 세계여행 안내서가 출간되고 있지만 더 세련되고 세분화된 정보서로 거듭났을 뿐 유명 여행지 중심의 관광 정보가 주를 이룬다는 점에서 큰 차별은 없다.

그에 반해 이 시리즈 『세계를 읽다』는 장소보다는 사람 그리고 그들의 삶에 초점을 맞춘 본격적인 세계문화 안내서로서, 이방인의 눈에 낯설게 느껴질 수밖에 없는 현지인의 생활문화, 관습과 예법들을 역사적 배경지식과 함께 쉽고 친절하게 알려준다. 전 세계에 400만 카피 이상이 팔려나가며 명성과 권위를 누려온 『컬처쇼크 CultureShock』 시리즈를 번역한 책이라는 점에서 콘텐츠에 대한 신뢰성도 높다.

컬처쇼크, 즉 '문화충격'이란 익숙한 장소를 떠나 낯선 환경에 던져진 사람이라면 누구나 겪을 수 있는 혼란스러운 상태를 말한다. 이 시리즈는 해외에 거주하거나 일정 기간 머무는 사람들이 새로운 환경에서 겪는 문화충격을 완화하는 데 도움을 주어왔다. 실제로 그 나라에서 살아보며 문화적으로 적응하는 기쁨과 위험을 몸소 체험한 저자들이 그런 혼란스러운 감정에 좀 더 효과적으로 대처하기 위해 필요한 모든 정보를 알려준다. 글은 읽기 쉬운 문체로 씌어졌으며, 독자들을 충분한 조언과 암시, 정보로 무장시켜 낯선 곳에서 최대한 정상적이고 즐거운 생활을 영위할 수 있도록 돕는다. 책 안에는 현지 문화와 전통에 관한 통찰력 있는 해설, 적응에 필요한 모든 조언들, 현지인들과 소통할 수 있는 언어 정보, 여행 경험을 더욱 깊숙하게 연마해줄 방법 등이 포함돼 있다.

# 목차

지도 ● 6

**제1장 첫인상**

8    땅과 빛
10   직설적이고 느긋한
       패션 테러리스트들
12   중독성 있는 호주 영어
13   모든 것이 반대인 나라

**제2장 호주라는 나라**

16   광활한 대륙
21   시골 풍경과 토종 생태계
35   환경운동
37   오지에서 살아남는 법
41   역사적 순간들
44   갈리폴리가 준 교훈
46   커다란 조각 퍼즐
47   호주인이 외국인을 보는 시선
55   백호주의

**제3장 호주 사람들**

58   호주인에 대한 다양한 편견
61   벌꿀색의 나라
62   호주인이 생각하는 호주인
63   식민지 시대의 뿌리
64   기질과 특성
68   원주민의 역사와 삶

**제4장 호주 사회 들여다보기**

78   기본 구조
79   정부 조직과 의회
81   투표와 민주주의
82   언론과 표현의 자유
86   호주인과 친해지는 법
91   호주 사회에서의 여성
106   자유와 민주주의

**제5장 호주에서 살아보기**

115   호주로 이민 가기
124   이민자의 나라
126   다문화주의
129   교통
134   화폐
135   통신
136   의료 서비스
137   쇼핑
140   자녀교육
144   집 고르기
150   내 손으로 집짓기
151   정원 문화
156   방문과 초대
157   문제와 해결방법

**제6장 호주 음식 즐기기**

164  호주의 전통 음식
166  아시아 요리의 영향
167  패스트푸드 마니아
168  장바구니 목록
172  외식
176  크리스마스 음식
176  차茶 문화
177  부시터커
179  맥주
179  와인


**제7장 호주의 문화와 여가생활**

183  호주 예술의 흐름
184  미술
186  영화
187  연극
188  코미디
189  춤
189  음악
191  문학
192  건축
202  거리 문화
205  취미생활
205  스포츠


**제8장 호주 영어**

210  영어의 나라?
213  거친 입담
213  말실수
214  보디랭귀지
215  호주 영어 사전
222  즐겨 쓰는 표현


**제9장 호주에서 일하기**

227  일에 대한 시각
229  직장생활
230  노동자의 권리
233  서비스정신
233  호주인과 사업하기
235  직장에서의 옷차림
236  유통
237  세금


**제10장 호주 속성 노트**

241  호주 국가 정보
243  호주계 유명 인물
252  공통 약어 및 표시
255  문화퀴즈
259  해야 할 것과
     하지 말아야 할 것
264  종합 정보 안내

퀸즈랜드

케언즈

골드코스트

브리즈번

뉴사우스웨일스

시드니

블루마운틴 ★

캔버라 **오스트레일리아 수도특구**

빅토리아

멜버른

킹 섬 ★

태즈메이니아

포트 아서 ★

론스타운

호바트 ★

노던 테리토리

다윈

카카두 국립공원 ★

앨리스스프링스

에어즈락 ★

사우스 오스트레일리아

애들레이드

킴벌리 고원 ★

더비

브룸

웨스턴오스트레일리아

피너클스 사막

퍼스 ★

프리맨틀

# 1
# 첫인상

길들여지지 않은 고집스러운 땅.
이 땅을 사랑하지 않는 사람은 이해하지 못할 것이다.

— 호주 시인. 도로시아 맥켈러

첫인상은 대개 어느 정도 경험한 후에 타협과 검증을 통해 얻은 의견보다 진실에 가까운 경우가 많다. 당신이 호주를 처음 접하고 느낀 첫인상이 호주에 대한 모든 것이라고 말할 수는 없으나, 조금씩 경험하며 더 채워가기만 하면 되는 훌륭한 윤곽에 다름없다. 이번 장에서는 앞으로 나올 주제들과 상관없이, 사람들이 흔히 호주에 대한 첫인상으로 간직하고 있는 것들을 가장 강렬한 순서대로 만나보도록 하자.


## 땅과 빛

1989년 4월, 나는 이민자로 처음 호주 땅을 밟았다. 엄청나게 크고 화려한 러시아제 구식 여객선에 소중한 팩스기를 비롯한 온갖 살림살이를 싣고서 호주 서부에 있는 프리맨틀 항구에 도착했다. 의심쩍은 눈초리로 우리 짐을 살피던 세관 직원이 커다란 카메라 렌즈를 가리키며 "세상에! 저건 뭐죠?"라고 물었을 때, 남편은 "아, 광각렌즈예요."라고 대답했다. 그러자 세관 직원은 마치 꿈꾸는 듯 몽롱한 눈빛으로 우리를 쳐다보며 짤막하게 말했다. "그렇군요. 이곳에서 꼭 필요한 물건이네요, 안 그래요?"

세관 직원과 우리는 호주가 굉장하게 넓은 땅덩어리를 지닌 나라라는 사실을 잘 알고 있었다. 웬만한 광각렌즈로는 다 담을 수 없을 정도로 말이다. 호주 시인 도로시아 맥켈러는 자신의 시 「마이 컨트리」에서 호주를 가리켜 '광활한 갈색의 땅'이라고 표현했다. 당신이 호주에 첫발을 딛는 순간 가장 먼저 눈에 들어오는 것 역시 끝없이 펼쳐진 땅과 호주만의 찬란한 빛, 즉 구름 한 점 없이 눈부시게 푸른 하늘에서 이글거리듯 타오르고 있는 태양일 것이다. 고개를 돌리면 보이는 모든 풍경은 이미 편광 필터로 찍은 사진을 포토샵으로 콘트라스트까지 한껏 올려준 것처럼 밝고 날카롭게 보일 것이다.

남인도 종족인 타밀-말라얄리 혈통의 내 남편은 작고 사람들로 가득 찬 섬나라 싱가포르 출신이다. 지구상에서 가장 빽빽하게 도시화된 나라 중 한 곳에서 온 그가 호주에서 가장 마음에 드는 점으로 끝도 없이 펼쳐진 지평선을 꼽는 것은 어찌 보면 당연한 일이다(물론 그에게 '야외 활동'이란 차에서 내리지 않은 채 덤불로 뒤덮인 곳을 지나가는 것 정도이지만). 호주는 정말 그렇다. 길게 뻗은 지평선을 가로막는 고층 빌딩이나 건물을 좀처럼 찾아볼 수 없다. 광활하게 펼쳐진 '텅 빈' 땅이야말로 호주를 가장 잘 나타내는 모습이다.

땅이 넓은 만큼 지역 간 거리도 엄청나다. 예컨대 호주를 묘사하는 유명한 별명 중 '거리의 횡포(the tyranny of distance)'라는 말이 있을 정도다. 대륙 남단에 동떨어진 태즈메이니아 섬까지를 포함한 총면적은 768만 제곱킬로미터에 이르는데, 이는 알래스카를 제외한 미국 면적과 비슷하며 영국의 24배다. 호주 서부에 있는 도시 퍼스에서 동부의 시드니까지 가는 길은 도저히 같은 나라 안에서 움직인다고 생각하기 어려울 만큼 멀고 또 멀다. 차라리 '해외'로 나가는 것이 낫겠다 싶은데 실제로 퍼스에서는 아시아의 몇 나라로 가는 것이 시드니로 가는 것보다 가깝다.

호주 사람들은 장시간 운전을 해서 친척 집에 방문하거나 저녁을 먹으러 가는 일을 대수롭지 않게 여긴다. 정기적인 사업 미팅을 위해 몇 시간씩 운전해서 이동하는 것도 당연하게 생각한다. 만약 호주인 친구가 목적지까지의 거리를 '점심 도시락과 물통만 준비하면 될 정도'라고 설명한다면 단단히 채비하는 것이 좋다. 십중팔구 가까운 거리가 아닐 것이다. 땅이 넓은 호주는 미국처럼 자동차를 보편적으로 이용하는 나라이다. 넓고 길게 뻗은 고속도로와 줄줄이 달리는 장거리용 대형 트럭 그리고 시속 110km의 속도 제한 표지판을 어디서나 쉽게 볼 수 있다.

## 직설적이고 느긋한 패션 테러리스트들

　넓은 땅덩어리 다음으로 대표적인 첫인상은 말이 많고 친절한 사람들이다. 호주인은 대체로 이 말 저 말 구구절절이 덧붙이기보다 직설적으로 거침없이 말하는 편이다. 동네 가게에서 바로 앞사람과 수다를 떠는 직원 때문에 한참이나 기다려야 하는 상황이 생기기도 하고, 생전 처음 보는 사람이 아무렇지 않게 말을 걸어오거나 도움을 청할 수도 있다. 남이 어떤 옷을 입고 있는지(또는 안 입고 있는지)는 크게 신경 쓰지 않는다. 호주 사람들은 기본적으로 '느긋하게, 대화를 합시다.'라는 태도를 갖고 있다.

　이런 느긋함은 별로 달갑지 않은 상황도 만든다. 예컨대 음식점에서 메뉴판에 적힌 음식을 주문했는데 가게 직원이 부드러운 미소와 함께 어깨를 으쓱이며 "어머, 죄송합니다. 재료가 지난밤/지난주/지난달에 다 떨어졌어요."라고 말할 수 있다.

그리고 이런 상황에서도 손님인 당신은 당연히 화를 내지 않을 것이라고 생각하는 게 호주인의 생활 상식이다. 오기로 한 날짜에 감감무소식이었던 배관공이나 수리공이 이틀 뒤에 환하게 웃으며 나타나서는 "아이고, 미안합니다. 할 일이 좀 있어서 못 왔습니다."라고 말하기도 한다. 이런 일이 반복해서 일어나기 때문에 나중에는 화를 낼 이유조차 못 찾게 된다.

라디오나 텔레비전을 켜면 눈이 휘둥그레질 만한 일들이 펼쳐지기도 한다. 리포터가 외무부 장관을 앞에 앉혀놓고 존경이나 격식이라고는 찾아볼 수 없는 태도로 "잘난 체하는 멍청이"라고 칭한다거나 직함이나 존칭을 쏙 빼고 이름만 부르는 장면도 쉽게 볼 수 있다. 그뿐 아니라 꽤 이른 시간인 저녁 8시 반에 수위 높은 노출 신이나 선정적인 행동이 전파를 타기도 한다(특히 SBS 채널에서 이런 장면을 자주 볼 수 있다).

길을 걷다 듣게 되는 말들 역시 굉장히 거칠고 중간 중간 욕설도 섞여 있다. 상의를 훌러덩 벗어던진 채 맨발에 속옷 차림으로 거리를 활보하는 백인의 모습은 '제3세계'라고 불리는 개발도상국에서 막 호주에 도착한 이민자와 난민들을 곤혹스럽게 할 것이다. 때와 장소를 가리지 않는 분노 표출과 고성방가, 공공장소에서 벌이는 개인적인 언쟁들까지, 호주인의 생활 방식은 뾰족한 이유를 댈 수 없는 것들이 많다. 어떤 이들은 바위투성이 땅에서 시작된 호주의 난폭한 역사에 그 이유가 있다고 주장하기도 한다.

어쨌거나 이런 모습들 때문에 권위와 겸손 혹은 절제된 언어를 중시하는 문화권에서 온 사람들에게는 호주가 그야말로 최악의 나라가 될 수 있다. 하지만 가끔은 이들처럼 예의나 격식의 굴레에서 벗어나 멋대로 말하고 행동하며 해방감을 만끽

해보는 것도 나쁘지 않다. 신나는 싸움 구경이 하고 싶다면 두 말할 것 없이 의회를 지켜보면 된다.


## 중독성 있는 호주 영어

호주 영어는 영국이나 미국에서 쓰는 영어와는 많은 부분에서 다르다. 예컨대 같은 단어가 전혀 다른 뜻을 나타내는 경우가 있는데, 미국에서 끈 팬티처럼 생긴 비키니 하의를 뜻하는 'thong'이라는 단어가 호주에서는 가죽으로 만든 일본식 샌들을 가리킨다. 이를 모른 채 레스토랑 입구에서 'No Thongs'라는 안내판을 본다면 금지된 옷차림이 야한 비키니인지 일본식 샌들인지 헷갈리게 된다.

이뿐 아니다. 미국이나 영국에서 차茶를 뜻하는 'tea'가 호주에서는 저녁 식사를 의미하기도 한다. 또한 미국과 영국에서는 좋아하는 스포츠 팀이 경기에서 이기도록 응원하는 것을 'root'라고 표현하는 반면, 호주에서는 'barrack'이라는 단어를 쓴다. 호주에서 'root'는 조금 음란한 단어이므로(219쪽 참조) 혼동하지 않는 것이 좋다. 똑같은 영어 사용 국가라고 생각하고 미국이나 영국 식 표현을 그대로 사용했다가는 종종 낭패를 볼 것이다.

호주 사람들은 격식을 차리는 것을 좋아하지 않지만 의외로 언어 사용에서만은 정치적·사회적 차별에 민감한 편이다. 예컨대 장애인 또는 장애가 있는 상태를 뜻하는 'handicapped'라는 단어를 쓰지 않고 좀 더 완곡한 표현인 'differently abled(다른 능력을 가진)'라고 말하거나 더 예의를 갖춰 'challenged'라는 단어를 사용한다. 또한 'chairman' 대신

'chair-person'이라는 단어를 써서 성차별을 방지하며 남편과 부인, 여자친구와 남자친구는 모두 'partner'라고 부른다.

영어를 주 언어로 쓰는 다른 국가들과 호주의 차이점을 꼽으라면 단연 독특한 억양이다. 호주 사람들은 대개 문장 끝에서 목소리를 살짝 높여 말하는 습관이 있는데, 이게 꽤 중독성 있어서 외부인도 호주에 머문 지 얼마 되지 않아 금방 따라 하게 된다.

호주에서는 이 외에도 다양한 나라에서 온 사람들의 억양을 접할 수 있다. 전체 인구의 27퍼센트가 호주 밖에서 태어났고 호주에서 태어난 인구의 26퍼센트는 적어도 한 명의 외국인 부모를 두고 있는 호주는 아시아와 중동, 유럽 등 다양한 대륙에서 온 이민자들의 문화와 언어가 뒤섞인 다문화 국가이다.


## 모든 것이 반대인 나라

자연을 사랑하는 사람에게 호주는 그야말로 감탄과 경이로 가득 찬 곳이다. 호주는 여러 가지 측면에서 독특하고 놀라운 자연환경을 품고 있다. 우선, 남반구에 자리한 호주 대륙은 남으로 갈수록 날씨가 차가워지고 12월에는 따뜻한 여름을, 7월에는 한겨울을 즐길 수 있다.

호주의 동식물 생태계는 세계 어디서도 찾아볼 수 없을 만큼 독특하다. 2만여 종에 달하는 종자식물 중 93퍼센트는 호주 땅에서만 자라며, 캥거루와 같은 유대류의 89퍼센트와 호주에 사는 다른 동물의 73퍼센트도 호주 대륙에서만 산다. 오리너구리와 바늘두더지 같은 단공류는 호주와 파푸아뉴기니에서만 찾아볼 수 있다.

호주 사람들은 이런 천혜의 환경과 생태계를 보호하기 위해 각별한 정성을 쏟는 편이다. 고속도로를 달리다 보면 전방에 오리나 캥거루가 나타날 수 있으니 속도를 줄이라는 표지판이 종종 보이고, 2005년에는 해안가로 떠밀려온 고래 떼를 구하기 위해 1000여 명의 자원봉사자들이 차가운 바닷물 속에서 몇 시간이고 사투를 벌이기도 했다.

호주인은 영국인처럼 정원을 무척 좋아해서 어느 동네에 가더라도 집집마다 잘 가꾼 정원을 볼 수 있다. 이주민들도 예외는 아닌데, 처음에는 별로 흥미 없어 하다가도 시간이 좀 지나면 십중팔구 정원 가꾸기 활동에 동참한다. 하지만 호주는 자연환경이 다른 나라들과 정반대인 만큼 식물을 심고 가꾸는 방법도 다르다.

많은 사람들에게 호주의 첫인상은 낯설고 이상하다. 하지만 시간이 지나면 그들도 곧 호주의 독특한 매력에 흠뻑 빠져들게 될 것이다.

# 2

## 호주라는 나라

끝도 없이 달려 아무것도 없는
이곳에 도착하고 나서야 목적에 대한 집착을 포기했다.
나는 매우 홀가분하고 즐거웠다.
그동안 거쳐온 수많은 곳들 중에서
이곳이야말로 조용히 생각하기에 완벽한 장소였다.

− 영국 소설가, 안토니 트롤로프

## 광활한 대륙

호주에 정착한 모든 사람은 어떤 형태로든 끝도 없이 펼쳐진 광활한 호주 땅에 대한 인식을 마음에 품고 살아간다. 누군가는 즐거움을, 누군가는 경이로움을, 또 누군가는 일말의 두려움을 느끼면서 말이다. 이는 번화한 도시 중심부에 사는 사람이든 한적한 시골에 들어가서 사는 사람이든 마찬가지이다.

호주의 자연과 독특한 생태계는 이 대륙에서 살아가는 사람들에게도 지대한 영향을 끼쳤다. 호주라는 나라가 세워지기 훨씬 전부터 이 땅에 살았던 원주민들은 위대한 자연이 자신들의 어머니라는 신념을 갖고 있었으며 나중에 정착한 백인들도 비슷한 경외심을 품었다. 이는 호주를 주제로 한 영화나 문학 속에서도 잘 나타나는데, 특히 20세기 말에 제작된 호주 영화들은 호주의 광활한 대자연을 오랫동안 보여주며 서정적인 분위기를 한껏 끌어올렸다.

## 기본 정보

먼저 호주가 얼마나 큰 나라인지 숫자를 통해 알아보자. 호주는 알래스카를 제외한 미국 면적과 맞먹으며 영국보다 24배는 크다. 태즈메이니아 섬을 포함한 총면적은 약 768만 제곱킬로미터이다. 본토의 동쪽 끝에서 서쪽 끝까지의 거리는 3983킬로미터, 북쪽 끝에서 남쪽 끝까지의 거리는 3138킬로미터이다. 웨스턴오스트레일리아의 주도 퍼스와 노던 테리토리의 주도 다윈은 호주에 있는 다른 도시들로 가는 것보다 아시아가 훨씬 더 가까울 정도다.

지구 남반구 남회귀선을 가로지르는 호주 대륙은 인도양과 태평양 사이에 자리 잡고 있으며 남쪽으로 2000킬로미터만 내려가면 남극이다. 오스트레일리아라는 이름도 남쪽을 뜻하는 라틴어 아우스트랄리스 Australis에서 비롯되었다. 호주 국기에는 남반구에서만 볼 수 있다는 남십자성이 그려져 있다.

호주는 지구상에서 가장 메마른 대륙으로 알려져 있다. 여름에는 지역에 따라 기온이 최고 53도까지 올라가고 산이나 들판에서 불이 자주 난다. 대륙 중심부에 있는 넓은 사막지대는 아직도 사망자가 나올 만큼 위험하다. 땅이 넓은 만큼 기후와 지형도 다양하다. 열대기후대에 속하는 북부 지방은 연말이면 장마가 찾아오고 곳곳에서 맹그로브 습지를 볼 수 있는 반면, 쌀쌀한 남부에서는 스키를 즐긴다. 호주는 세계에서 가장 기후변화에 취약한 나라이기도 하다. 해를 거듭할수록 이상기후 현상이 빈번히 발생하고 있다. 서부 퍼스의 경우 습해지는 날씨 탓에 더운 여름을 견디기가 점점 더 어려워지고, 동부의 멜버른 역시 최고기온이 45도까지 올라가는 등 비정상적인 기후를 보인다. 또한 계속되는 해수면 상승은 주로 해안가에 자리 잡은 호주의 도시들에 장기적으로 심각한 영향을 끼칠 수 있다.

그럼에도 호주의 도시들은 아직까지 세계에서 가장 살기 좋은 도시로 손꼽힌다. 2011년 이코노미스트 인텔리전스 유닛 (EIU)에서 발표한 자료에 따르면, 멜버른은 오스트리아 빈과 캐나다 벤쿠버를 제치고 1위를 차지했으며 시드니와 퍼스, 애들레이드는 각각 6위와 8위, 9위에 올랐다. 잘 설계된 사회 기반 시설과 낮은 인구밀도, 비교적 낮은 범죄율, 다양한 야외 활동 등이 호주 도시들을 살기 좋게 만드는 이유로 꼽혔다.

## 바위와 산맥

호주는 선사시대에 존재했던 곤드와나 대륙의 일부였다고 알려졌다. 곤드와나 대륙은 지금으로부터 무려 1억 5000만 년 전에 부서지기 시작해 오늘의 호주와 남극, 남아메리카, 아프리카, 마다가스카르, 뉴질랜드 그리고 인도 대륙으로 쪼개졌다. 이 과정은 매우 오랜 시간에 걸쳐 진행되었고 호주는 약 7000만 년 전에서 4500만 년 전 사이에 이 대륙으로부터 완벽하게 분리되었다.

호주의 지질학적 역사는 그보다 더 오랜 6억 년 전의 선캄브리아대까지 거슬러 올라간다. 약 6500만 년 전부터 발달한 것으로 알려진 미국과 유럽 대륙에 비하면 굉장히 오래된 땅이다. 또한 지난 8000년간 화산활동을 비롯해 지형이 뒤바뀔 정도의 자연현상을 겪지 않은 호주는 그야말로 선사시대 모습 그대로의 자연환경을 품고 있다고 할 수 있다.

호주 대륙은 전반적으로 세계에서도 손꼽힐 정도로 평평한 대지로 이루어져 있지만 곳곳에서 유명한 산맥이 솟구쳐 위용을 떨치고 있다. 특히 동부의 그레이트디바이딩 산맥은 북으로 퀸즐랜드 주에서부터 남으로 빅토리아 주에 이르기까지 무척이나 긴 거리를 고원과 고봉, 산들을 빚어내며 이어 달린다. 이 산맥을 북에서부터 따라 내려가다 보면 케언즈의 명물 애

이름도 재미있는 '벙글벙글 산맥'. 웨스턴오스트레일리아 북서부 끝자락에 있다.

호주 남동부 뉴사우스웨일스 주에 위치한 블루마운틴에는
'세 자매(Three Sisters)'라고 이름 붙은 바위가 있다.

'악마의 구슬'이라고 불리는 바위.
노던 테리토리에서는 이런 희귀한 바위들을 많이 볼 수 있다.

서튼 테이블랜드와 뉴사우스웨일스 주의 블루마운틴, 빅토리아 주의 그램피언 국립공원을 모두 만날 수 있다. 호주에서 가장 높은 산은 뉴사우스웨일스 주를 지나는 스노이 산맥의 일부인 코지어스코 산으로, 해발고도가 2230미터에 달한다.

호주는 다른 나라에서는 찾아볼 수 없는 독특한 지형경관도 자랑이다. 가장 유명한 것은 드넓은 평지 한가운데에 덩그러니 솟아있는 높이 335미터의 바위, 에어즈락이다. 에어즈락이 있는 울루루카타추타 국립공원에 가면 초창기 탐험가들이 '어마어마하게 큰 핑크색 건초더미'라고 표현했던 명물, 올가 산도 볼 수 있다. 이 외에도 호주만의 거친 매력을 느낄 수 있는 자연경관이 많다. 퍼스에서 북쪽으로 200킬로미터 떨어진 남붕 국립공원에 있는 피너클 사막은 최고 높이 2미터에 달하는 석회암 기둥들이 수천 개나 솟아 장관을 이룬다. 또한 호주의 북서부 끝, 웨스턴오스트레일리아의 킴벌리 고원에서도 멀리 떨어진 푸눌룰루 국립공원에 가면 드넓은 초원 지대 위에 450미터 높이로 '벙글벙글' 솟아 있는 모래바위 지대인 벙글벙글 산맥을 만날 수 있다.

## 시골 풍경과 토종 생태계

오늘날 호주 인구의 90퍼센트 가까이는 대도시와 그 근교에 몰려 살고 있다. 아주 적은 수만이 오지 마을로 유명한 앨리스 스프링스와 같이 건조하고 흙먼지가 날리는 시골에서 살거나 일하고 있을 뿐이다. 그럼에도 호주를 여행하다 보면 여전히 옛날 방식을 고집하며 살아가는 사람들을 만나게 되는데, 어떤 마을에서는 반짝이는 모래안개 사이로 가축을 몰고 다니는 카우보이를 볼 수 있기도 하고 광활한 벌판 한가운데에 점처럼 자리한 작은 마을을 발견할 때도 있다.

물론 이런 풍경은 점차 사라지고 있다. 호주의 젊은 세대들은 시골이 아닌 도시에서의 삶을 선호하며, 시골에 남아 있는 사람들조차 불어나는 은행 빚과 해외에서 들여오는 값싼 수입품과의 경쟁 등으로 점점 힘들어하고 있다. 가뭄과 화재, 홍수, 태풍 등 해마다 찾아오는 자연재해도 시골 생활에는 큰 타격을 준다.

또한 호주의 시골 땅들은 초창기 백인들이 정착하면서 들여온 서양식 농작법의 폐해로 심각한 오염 문제를 겪고 있다. 정부 발표에 따르면 2050년에는 호주에서 약 1700만 헥타르의 땅이 높은 염분으로 인해 농작할 수 없는 상태가 될 것이다. 많은 호주 사람들이 거칠고 자유로운 자연 속에서 늙어가는 시골 생활을 동경하고 있지만 그 이면에는 우울증과 자살 등 어두운 면도 분명히 존재한다.

## 호주의 토종식물

호주를 대표하는 식물을 하나만 대라면 당연히 유칼립투스이다. 기다란 막대기처럼 생긴 나뭇가지 끝부분에 듬성듬성 잎이 나는 유칼립투스는 여름이 되면 호주를 상징하는 향기라고 할 수 있는 진한 송진 냄새를 풍긴다. 또한 그 잎을 손가락으로 비벼서 으깨면 레몬과 페퍼민트가 뒤섞인 독특한 향이 난다.

호주를 대표하는 식물이며 오지 숲 지대에서 흔히 볼 수 있는 유칼립투스.

　호주는 지역마다 종류도 다양한 식물이 자란다. 동부에서 자생하는 유칼립투스는 나뭇잎이 더 거칠고 줄기도 단단한 편이다. 웨스턴오스트레일리아 남서부 지방에는 거대한 카리나무 숲이 있는데, 캘리포니아의 아메리카삼나무 숲 다음으로 키가 큰 나무들이 자란다. 카리나무와 같은 지역에서 나는 마호가니고무나무는 나뭇결이 유난히 곱고 붉어 주변 지역에서는 마룻바닥 재료로 쓰고 있다.

　태즈메이니아 섬은 세계에서 가장 기온이 찬 열대우림 지역에 속한다. 이곳에선 호주 대륙에 분포하는 어떤 식물들보다 오래된 소나무와 너무밤나무, 머틀 등이 자란다. 이것들은 약 6000만 전 곤드와나 대륙 때부터 자라온 것으로 알려졌다.

머틀은 열대와 온대 지역에서
자라는 도금양목 식물을 통칭
하는데, 호주에서만 1300가지
가 넘는 종이 자란다. 가장 유
명한 것은 페이퍼바크로, 껍질

● 호주의 나라꽃

호주의 국화는 '골든 와틀'이라고
불리는 아카시아 나무 꽃이다. 금빛
물결이 쏟아지듯 길게 늘어지며 피
는 노란색 꽃이 인상적이다. 호주에
는 와틀 종류도 900여 종이 있다.

이 종이처럼 얇고 잘 벗겨지며 종종 호주식 이름인 멜라루카
Melaleuca라고 불린다. 또 하나 잘 알려진 머틀 종류로는 레몬 향
기가 나는 티트리가 있다.

해마다 10월에서 11월이면 호주 서부에는 따뜻한 봄바람이
불기 시작한다. 이때부터 관광객과 현지 주민들은 덤불에서
자라는 아름다운 야생화를 관찰하러 다니는데, 세계 어디에도
없는 독특한 모양의 꽃들이 엄청난 양으로 피어나 이국적인
분위기를 한껏 뽐낸다.


## 호주의 희귀동물

호주는 오랫동안 다른 대륙들과 뚝 떨어져서 존재해온 지형
적 조건 때문에 세계 어디에도 없고 오직 호주에서만 볼 수 있
는 희귀동물들이 많이 번식하며 살아가고 있다. 일부 종은 파
푸아뉴기니와 남미에서도 발견되는 것으로 보아 호주가 아주
옛날에는 곤드와나 대륙의 일부였다는 것을 알 수 있다.

호주의 희귀동물로 가장 유명한 것은 알을 낳지만 젖꼭지
가 없는 포유류인 단공목 동물들이다. 오리너구리와 바늘두더
지 두 종이 있다. 물론 캥거루로 대표되는 유대목 동물도 빼놓
을 수 없다. 새끼를 육아낭이라 부르는 몸속 주머니에 넣고 다
니는 유대류는 모두 19개 과로 나누어진다. 캥거루와 왈라비
를 비롯해 나무 위에서 생활하는 코알라, 주머니쥐, 다양한 종

회색 캥거루에게 먹이를 주고 있는 소녀.

류의 쥐, 웜뱃 그리고 유대고양이 등이 포함된다. 호주에 사는 250여 종의 포유류 중에 절반이 유대목에 속한다.

다부진 몸매에 힘이 장사인 웜뱃은 아주 경이로운 야수이다. 몸무게가 약 40킬로그램로 작은 곰과 맞먹는다. 이보다 더 포악한 녀석으로는 태즈메이니아데빌이 있다. 작은 몸에 흰 털과 검은 털이 섞여서 난 특이한 외모에 간담을 서늘케 할 정도로 괴기한 울음소리를 낸다. 육식성으로 먹이를 가리지 않는 태즈메이니아데빌은 죽은 짐승의 썩어가는 고기까지도 거

### 의외의 모습

오리너구리 수컷은 귀여운 얼굴과는 달리 발목에 위험한 독을 품고 있다. 코알라라는 이름은 원래 '마시지 않는 자'라는 뜻의 고대어에서 비롯되었으며, 실제로 코알라는 나뭇잎에서 필요한 수분을 충분히 얻기 때문에 물을 거의 마시지 않는다. 귀여운 외모와 달리 화를 잘 내고 퉁명스러우며 움직임이 거의 없는 편이다.

야생동물원에서 생활하고 있는 귀여운 모습의 태즈메이니아데빌.
하지만 이 녀석은 뼈도 씹어 먹을 수 있는 튼튼한 턱을 가지고 있다.

뜯어 먹어치운다고 알려졌다. 특히 턱이 굉장히 발달해서 아주 두꺼운 뼈도 단숨에 씹어 삼킨다.

캥거루과에 속하는 유대목 동물로는 한국에서 '쥐캥거루'로 알려진 포토루를 비롯해 왈라루, 쿼카, 파데멜론 등이 있다. 캥거루만큼이나 다들 이름이 독특하다. 한편 '포섬'이라고도 불리는 주머니쥐는 전혀 위험하지 않지만 사람이 사는 주택 천장에 구멍을 뚫고 자리를 잡는 습성이 있어 많은 가정에서 골칫거리가 되고 있다. 도시 주택도 예외는 아니어서 주머니쥐가 천장에 둥지를 틀고 밤마다 시끄럽게 구는 통에 뜬 눈으로 새벽을 맞았다고 호소하는 사람들이 허다하다.

호주는 이런 희귀동물들을 보호하기 위해 엄격한 법을 정해 제재하고 있지만, 한편으로는 갈수록 늘어나는 야생 캥거루의 숫자를 통제할 목적으로 가끔 사냥을 허용하기도 한다. 농부들은 야생 캥거루가 가축의 먹이를 빼앗아 먹는 바람에 농장 운영에 심각한 피해를 입는다고 주장한다.

　호주에는 모두 867종의 새가 산다. 조류학자들은 호주의 에뮤와 남아프리카의 타조 그리고 뉴질랜드의 키위가 매우 흡사하게 생긴 것으로 보아 이 지역들이 아주 오래전에는 하나의 땅으로 이어져 있었으리라 유추한다.

호주인의 생활에 무척 친숙한 웃는물총새.

빅토리아 주 필립 섬에서 볼 수 있는 쇠푸른펭귄.

호주에 서식하는 다양한 새들 중에 가장 유명한 것은 웃는 물총새이다. 성격이 쾌활한 웃는물총새를 호주에서는 쿠카버 라kookaburra라고 부른다. 야외에서 바비큐를 할 때면 늘 웃는물 총새 한두 마리가 초대받지 않은 손님으로 주변을 맴도는데, 몸집이 크고 잘생긴 녀석들은 고기를 얻어먹기 위해 당당히 사람들 옆에 자리를 잡기도 한다.

호주의 또 다른 자랑거리는 56종에 달하는 앵무새이다. 호 주를 제외한 다른 나라에 서식하는 앵무새는 단 5종밖에 되지 않는다. 색깔이 화려한 장미앵무새를 비롯해 다양한 목소리 톤을 뽐내는 오색앵무새, 검은 몸에 목 주변에만 노란 털이 난 목도리앵무새 등 종류가 무척 다양하다. 또한 머리에 닭 볏 모 양의 깃털이 있는 것으로 유명한 관앵무새, 즉 '코카투cockatoo' 라고 부르는 대형 앵무새들은 모두 호주에서만 만날 수 있다.

호주의 새에 대해 이야기할 때에 또 하나 빼놓을 수 없는 녀 석은 빅토리아 주 필립 섬에 살고 있는 쇠푸른펭귄(페어리펭귄) 이다. 밤이 되면 줄을 지어 걸어 다니는 쇠푸른펭귄의 행렬은 많은 관광객의 사랑을 받고 있다. 또 내가 개인적으로 아주 좋 아하는 새들도 있다. 호주 어디서든 볼 수 있는 위엄 있는 펠 리컨과 키가 1.5미터나 되며 노던 테리토리의 상징이기도 한 오스트레일리아두루미, 그리고 우리 집 정원의 빨간 그레빌레 아 꽃에서 꿀을 빼는 꿀빨이새 등이다.


파충류

호주에는 큰도마뱀과 왕도마뱀, 코모도왕도마뱀, 도마뱀붙 이 등 450여 종의 개성 있는 도마뱀들이 산다. 하지만 호주의 파충류 중에서 가장 이목을 끄는 것은 단연 뱀과 악어이다. 호주에 사는 뱀들은 아주 위험하다. 육지와 바다를 합쳐 모두 172종이 있으며 독이 있는 뱀이 그렇지 않은 뱀보다 훨씬 많다. 북부에 사는 큰갈색뱀과 타이판, 남동부의 타이거 스네이크, 카퍼헤드 독사, 그 외 다양한 종류의 바다뱀은 아주 위험한 종으로 손꼽힌다. 특히 큰갈색뱀과 붉은배검정뱀은 번식기에 사람을 만나면 자리를 피하거나 도망가지 않고 오히려 공격을 하거나 쫓아오기도 하므로 각별한 주의가 필요하다.

악어는 호주를 상징하는 대표적인 파충류이다. 야생 악어를 보호하려는 노력 역시 1970년대부터 꾸준히 이어져오고 있는데, 그에 보답이라도 하듯 호주의 악어 개체수는 날이 갈수록 급증하고 있다. 그중에서도 바다악어는 많은 이들에게 공포의 대상이다. 실제로 사람을 공격하는 경우가 종종 있으며 그럴 때마다 각종 매체의 주목을 받는다. 1985년부터 20년 간 악어의 공격으로 사람이 죽은 사건은 15건에 불과하지만, 목숨을 지켰을 뿐 심각한 공격을 받았던 횟수는 그보다 월등히 많다. 악어는 굉장히 능숙한 킬러이다. 제 몸집보다 큰 먹이를 턱으로 단단히 문 다음 물속으로 잡아당겨 익사시킨다. 이 과정에서 몸을 계속해서 뒤집으며 먹이의 숨통을 조인다. 잡은 먹이는 먹기 전에 물속에서 며칠 동안 보관하기도 한다. 어떤 이들은 관광객의 관심을 끌기 위해 보트 위에서 먹이를 높이 쳐든 채 악어가 뛰어오르도록 유도하는 행위는 오히려 악어의 공격성을 키운다고 우려한다. 뛰어오르기에 능숙해진 악어는 상대적으로 작은 어선을 공격하기 쉬워질 것이기 때문이다.

바다악어는 육지에서도 놀랍도록 빠른 속도로 움직인다. 위장 능력도 뛰어나 움직이지 않고 가만히 있을 때는 찾아내기 어렵다. 따라서 해안가 습지나 강가에서 혼자 수영하는 것은 굉장히 위험한 일이며, 매일 오후 5시에 정기적으로 강가에 가서 캠핑에 필요한 물을 긷는 등의 행동도 하지 않는 것이 좋다. 지능이 뛰어난 악어는 먹잇감을 며칠 동안 예의주시하며 행동반경과 습성을 파악한 후에 공격하기 때문이다.

바다에서 수영할 때는 악어 외에도 조심할 것들이 많다. 그중 가장 신경 써야 하는 것은 상어이다. 물론 상어의 공격으로 목숨을 잃는 경우는 드물다. 최근 20년 간 호주 바다에서 상어의 공격으로 사망한 사람은 24명 정도이며 주로 웨스턴오스트레일리아 주에서 일어났다.

## 생태계 파괴

호주에는 버팔로부터 말, 당나귀, 토끼, 새, 개와 고양이에 이르기까지 다양한 야생동물이 살고 있다. 흔히 보던 개와 고양이라고 해서 먼저 다가가는 행동은 금물이다. 아무리 작아도 '야생' 동물은 성격이 난폭하고 공격적이기 때문이다.

진흙에서 구르기를 좋아하는 버팔로와 발굽이 있는 야생말의 경우 호주의 아름다운 덤불숲과 토양에 심각한 피해를 입히기도 한다. 토끼 역시 골칫거리로 전락한 야생동물 중 하나이다. 1788년에 최초 이주민들과 함께 이곳에 정착한 토끼는 19세기 중반에 수입량이 급증했으며 이후 기하급수적으로 번식해 개체수 제어 능력을 상실했다. 토끼 떼가 몰려들어 목초지에 큰 피해를 입히자 농장들은 토끼방어용 울타리를 치기 시작했다. 제2차 세계대전 후 토끼에게 치명적인 점액종증이 유행해 그 수가 줄어드는 듯했지만 점차 이 병에도 면역이 생겼다. 최근에는 토끼를 제외한 다른 동물에게는 무해한 토끼 칼시바이러스가 개발되기도 했다.

호주의 자연생태계에 토끼보다 심각한 피해를 입히는 것은 유럽여우이다. 1840년대에 오로지 사냥을 즐기기 위한 목적으로 들여와서 야생에 풀어놓은 유럽여우들이 결국 호주의 특별하고도 작은 포유동물들을 노리는 가장 끔찍한 포식자가 되고 말았다.

## 미스터리한 멸종동물

태즈메이니아호랑이 또는 다스마니아승냥이라고 알려진 주머니늑대는 호주에서 가장 설명하기 힘든 수수께끼 같은 동물이다. 육식성 유대류 중에서 가장 몸집이 큰 종이었지만 1936년에 마지막 개체가 태즈메이니아에 있는 호바트 동물원에서 죽어 멸종동물로 기록되었다. 그보다 100년 앞선 1830년대에 백인 정착민들은 주머니늑대가 자신들이 기르는 양을 공격한다는 이유로 보상금을 걸고 죽도록 총을 쏴댔다. 하지만 오늘날에도 주머니늑대를 보았다는 신고가 종종 들어오는데, 특히 주 서식지였던 웨스턴오스트레일리아 남서부 지방에서 목격담이 많다. 1980년에는 이 문제가 「더 브리티시 사이언티스트」에 실려 매우 심각하게 논의되었는데, 이후로 호주 사람들은 주머니늑대를 찾아 나서거나 보고서를 쓰는 등의 일에 즐겁게 동참하고 있다.

## 호주의 바다

호주 사람들은 육지만큼이나 바다에 대한 애정이 깊다. 상어와 악어, 해파리, 바다뱀과 같은 위험요소가 늘 도사리고 있는 것을 감안하면 놀라운 일이다. 최근 들어 호주 바다는 인간이 만들어낸 위험에도 노출되었는데 시드니 본다이 비치의 심각한 수질오염이 그 예라고 할 수 있다.

호주에서는 수영을 못하는 사람을 거의 찾아볼 수 없다. 만약 수영을 못한다면 호주에 도착해 짐을 풀자마자 수영 강습을 듣는 것이 현지인들과 친해지는 데 도움이 될 것이다. 호주

산호초가 아름답기로 유명한 동북부
해양 명소, 그레이트 배리어 리프.

호주 사람들은 바다에 대한 깊은 애정을 가지고 있다.
해변에서 시간을 보내며 인생의 여유를 즐기는 모습을 자주 볼 수 있다.

바다의 인명구조대는 탄탄한 몸매와 구릿빛 피부 그리고 생명을 구하는 고귀한 직업이라는 이미지로 인기가 높다. 1907년에 처음 활동을 시작한 이후 2011년까지 약 60만 명의 목숨을 구했다.

### 뜨거운 태양

호주는 저절로 눈이 찡그려질 정도로 강한 햇빛으로 유명하다. 그래서인지 호주인의 얼굴에는 주름이 가득하다. 20세기까지만 해도 호주 사람들은 강렬한 태양 아래에서 선탠을 즐겼으며, 까맣게 그을린 피부야말로 호주를 상징하는 대표적인 이미지였다. 여성들이 상의를 벗은 채 일광욕을 즐기는 토플리스 해변이 많은 이유도 여기에 있다.

하지만 최근 들어 이런 문화도 바뀌는 추세이다. 햇빛에 장시간 노출되면 위험하다는 인식이 확산되면서 젊은 세대를 중심으로 자외선차단제를 바르거나 온몸을 가리는 수영복을 입는 경우가 늘고 있다. 호주가 세계에서 피부암 발병률이 가장 높은 나라인 점을 감안하면 이는 꽤 긍정적인 변화다.

호주의 피부암 발병률은 미국의 3배, 영국의 6배에 달하며 매년 새로 진단되는 암의 80퍼센트를 피부암이 차지하고 있다. 이는 호주인 3명 중에 2명은 70세가 되기 전에 피부암 진단을 받을 가능성이 높다는 뜻이다. 실제로 길거리에서 피부가 깊이 패거나 상처 입은 팔을 드러낸 호주 사람들을 쉽게 볼 수 있다. 특히 피부암 중에서도 치명적인 흑색종은 호주에서 네 번째로 흔한 암으로, 해마다 1만여 명씩 환자가 늘고 있다. 일반 피부암은 눈에 잘 띄는 곳에서 발병해 조기 발견 후 치료가 손쉬운 반면, 흑색종은 태양에 직접 노출되지 않는 부위, 예를 들어 등처럼 자기 눈으로는 확인하기 어려운 곳에서 주로 발병하기 때문에 무척 주의해야 한다. 물론 호주는 피부암으로 고통 받는 환자의 수가 많은 만큼 치료법도 발전해 세계에서 가장 높은 피부암 생존율을 자랑하고 있기는 하다.

지리적 특성상 호주는 오존홀에 굉장히 가까이 자리 잡고 있다. 호주 특유의 청량한 하늘은 우리 몸에 해로운 자외선 차단에 전혀 도움이 되지 않는다. 하얀 피부와 파란 눈 그리고 점과 주근깨로 뒤덮인 백인의 피부는 더욱 취약하다. 따라서 호주를 여행할 때는 물에 씻겨 내려가지 않는 자외선차단제를 꼼꼼히 바르고 최대한 몸을 가리는 것이 상책이다. 특히 볕이 가장 뜨거운 오전 10시부터 오후 3시 사이에는 되도록 야외 활동을 삼간다.

피부만큼이나 눈 보호도 중요하다. 일반 선글라스는 가장자리 공간을 통해 35퍼센트의 자외선을 받아들이므로 되도록 얼굴 전체를 가리는 선글라스가 좋다. 챙이 넓은 모자로 자외선을 이중차단하는 것도 좋은 방법인데, 다행히 호주는 모자종류와 디자인이 아주 다양해 쇼핑하는 재미가 있다.

## 환경운동

호주 백인들이 원주민에게 갚아야 할 빚이 있다고 느끼는 것을 보면, 이들이 자연에 어떻게 했는지도 짐작할 수 있다. 초창기 호주에 정착한 백인들은 야생동물 서식지를 마구잡이로 파괴하고, 땅을 파헤쳐 광산을 개발하고, 고향에서 포식동물을 가져와 풀어놓는 바람에 적어도 20종 이상의 동물이 완전히 멸종했다. 겉으로 보기에 호주는 인간의 손이 거의 닿지 않은 천혜의 땅으로 보이지만 사실은 끔찍한 손상을 입었다. 지하수는 화학물질에 오염되었고, 대지의 절반 이상은 재생되기를 기다려야 한다.

이런 과거에 대한 반성으로 호주에서는 환경에 대한 책임교육을 철저하게 한다. 학교에서 교육받은 어린이들은 부모에게 비닐봉투와 일회용품을 쓰지 말라고 잔소리를 해댈 것이다. 미생물 분해 세탁세제, 무표백 재생 화장지와 같은 친환경제품의 생산과 사용도 활발하다. 이와 관련해 나는 신문에서 인상적인 만화를 본 적이 있는데, 호주에 이민 온 주부 두 명이 화장실용 재생 두루마리 휴지를 의심스런 눈빛으로 쳐다보며 이렇게 말하는 것이다. "우리 아들이 남이 한 번 썼던 휴지에 너무 민감하지 않았으면 좋겠는데……."

호주는 세계 최초로 오존층을 파괴하는 클로로플루오로카본의 사용을 금지한 나라이고, 자동차 연료로 휘발유보다 깨끗한 LPG 사용에 앞장서고 있다. 물론 호주는 주요 LPG 생산국이기도 하다. 이들에겐 태양도 또 하나의 매력적인 에너지원이다. 웨스턴오스트레일리아에 있는 주택의 5분의 1은 이미 태양열을 이용해 난방을 하고 있고, 그보다 햇빛이 강한 노던 테리토리에서는 거의 4분의 3이 태양열을 주 에너지원으로 이용한다.

지난 30년간 드세고 가끔 투쟁적이기까지 했던 환경운동은 적지 않은 권력을 행사해 오늘날 어떤 정치인도 명백히 '그린에 반대하는' 입장을 내세우지 못한다. 환경론자들은 거의 매일 광산회사나 제재소, 합판 공장, 주택업자, 관광지 개발업자들과 전쟁을 치른다. 더 나아가 환경운동가들은 핵이나 어선이 들어오지 못하도록 항구에 바리케이드를 치고, 제 몸을 나무에 묶기도 하며, 불도저가 밀어닥치지 못하게 목까지 몸을 묻고 버티기도 한다. 그들은 굉장히 헌신적이고 진지하고 감성적이다. 호주 내의 주요 환경단체로는 호주보호연

© paintings / Shutterstock.com

호주 사람들은 환경보호에 대한 의식이 매우 철저하며,
환경운동도 적잖은 권력을 행사하고 있다.

합(Australian Conservative Foundation)과 황무지사회(Wilderness Society), 그린피스 등이 있으며 요즘은 특히 고래와 돌고래 보호, 핵에너지 문제에 관심을 집중하고 있다. 이밖에도 정치적인 활동은 하지 않고 자연과 관련한 문제를 연구하고 힘을 보태는 작은 모임과 지방단체들이 굉장히 많다.

## 오지에서 살아남는 법

호주에서 거칠고 원시적인 오지로의 여행을 즐기려면 위험에 대처하고 살아남는 법을 반드시 익혀야 한다. 이를 가르쳐주는 강의와 안내서가 다양하게 나와 있다. 사실 야외 활동에서 지켜야 하는 기본 규칙은 여느 나라와 다를 것 없겠지만 호주만의 독특한 자연환경에서 마주칠 수 있는 위험에 대처하는 팁은 따로 숙지해두는 것이 좋다. 만약 호주에서 캠핑이나 하이킹을 떠날 예정이라면 이 장을 꼭 탐독할 것.

### 화재

오지로 떠나기 전 가장 먼저 확인해야 할 것은 화재 경고이다. 기후가 건조한 호주는 신문과 라디오, TV에서 늘 화재 위험도를 알려주는데, 경고 단계가 '높음'으로 표시된 날은 야외 활동이 적합하지 않으므로 절대 가지 않는다.

만약 오지에서 들불이나 산불을 만났다면 당황하지 말고 침착하게 대처해야 한다. 불길은 사람 발보다 훨씬 빠르게 번진다는 사실을 기억하라. 또한 불길은 오르막길을 따라 번지므로 높은 곳으로 대피하는 것은 금물이다. 화재가 났을 때는 직접적인 불길이나 연기보다 열기가 더 위험하다. 일단은 구덩이나 움푹 파인 도로 등 열기를 피할 수 있는 곳으로 피신한 다음 담요로 몸을 덮거나 정 안 되면 흙이라도 덮는다.

믿기 어렵겠지만, 들불이나 산불을 만났을 때는 불길을 피해 도망치는 것보다 차 안이나 집 안에 있는 편이 훨씬 안전하다. 불길이 차나 집을 향해 오고 있을 경우에도 말이다. 불을 피해 차를 타고 도망치는 것도 결코 안전하지 않다. 2005년 사우스오스트레일리아에서 일어난 화재 사고 때도 불길을 피해 차를 타고 도망치던 사람들 중 많은 수가 죽었다. 영화에서처럼 불이 나면 자동차 기름 탱크에 금방 옮겨 붙어 폭발할 것이라고 생각하겠지만 실제로 그런 일은 잘 일어나지 않는다. 불길이 차를 덮친다 해도 최대 4분이면 가라앉는다. 그 반면에 당황해서 도망친다면 금방 체력의 한계에 부딪힐 뿐 아니라 열기에 의해 사망할 가능성이 높다. 어디서든 몸을 낮추고 담요 등으로 몸을 덮는 것이 훨씬 안전한 방법이다.

## 뱀 · 진드기 · 거머리

하이킹을 할 때는 반드시 긴 바지와 앞뒤가 막힌 신발을 신어야 한다. 뱀을 보고 가까이 다가가거나 도발하는 행동은 금물이다. 뱀에 물렸을 때 칼로 물린 부위를 절개해 피가 나도록 하는 방법도 안 된다. 상처 주변을 단단하게 조여서 묶는 것도 좋지 않다(이 방법은 거미나 푸른고리문어, 상자해파리에 물렸을 때 유용하지만 뱀에 물렸을 때는 해당되지 않는다). 대신에 압박붕대나 자른 옷으로 재빨리 상처 부위를 감싼 다음 나뭇가지 등을 받쳐서 상처 난 곳이 구부려지거나 움직이지 않도록 고정하고 응급 요원을 기다린다. 가장 중요한 점은 환자가 움직이지 않고 가만히 있어야 한다는 것이다.

동부의 습한 지역에는 야생 진드기가 매우 많다. 물려도 목숨에 치명적이지는 않지만 진드기티푸스나 부분마비 등 심각한 질병을 얻을 수 있으니 조심하자. 일단 진드기에 물렸을 때는 억지로 떼어내려 하지 않는다. 잘못하면 깊은 상처가 생겨 2차 감염이 일어날 수 있다. 그 대신 진드기에 뜨거운 성냥을 가져다 대거나 천에 등유나 알코올을 묻혀 진드기 주변을 가볍게 두드린다. 이때 진드기가 살짝 빠져나오면 손톱이나 족집게를 이용해 진드기 머리를 뽑아낸다. 야생 진드기에 물렸지만 증상이 눈에 띄지 않는 경우도 있다. 하이킹을 다녀온 후 걸음걸이나 몸을 움직이는 데 이상을 느낀다면 병원에 가보는 것이 좋다. 진드기는 떨어져 나가고 그 독이 몸에 남아 있는 경우가 있다.

거머리는 열대우림처럼 축축하고 습기가 많은 지역에 많다. 물려도 크게 위험하지는 않지만 상처 주변에 2차 감염이 일어나지 않도록 깨끗이 소독해준다. 몸에 붙은 거머리는 소금이나 담뱃가루를 살짝 뿌리면 쉽게 떨어진다.


## 부시워킹

관목이나 가시덤불이 많은 산길을 걷는 것을 부시워킹 Bush-walking이라고 한다. 일종의 트레킹이다. 호주의 야생 환경으로 부시워킹에 나서려면 먼저 지도 읽는 법을 익혀야 한다. 지도와 나침반을 제대로 갖췄어도 생존을 위해서는 최대한 많은 지식과 철저한 준비가 필요하다. 예컨대 나무들이 수평으로 뉘인 채 자라서 마치 평평한 땅처럼 보이는 곳을 무심코 지나가다가는 발이 밑으로 빠져 부상을 입을 수 있다.

부시워킹에 나설 때는 튼튼하고 넉넉한 물통에 물을 충분

'부시'란 사진처럼 관목과 덤불이 많은 산길을 말한다.

히 담아 간다. 만일을 대비해 불을 피울 수 있는 도구도 있어야 한다. '잠시 자연을 만끽하고 돌아올 테니까 음식이나 비상약은 필요 없어.'라는 안일한 생각일랑 버려야 한다. 혹시라도 길을 잃을 경우 물과 음식이 없다면 정말 큰일이다. 날씨가 덥다면 너무 많은 양의 물을 마시는 것도 안 좋다. 갑작스레 변하는 날씨에도 대비해야 한다. 특히 태즈메이니아와 같은 남부 지방은 날씨가 워낙 변덕스럽기 때문에 만반의 준비가 필요하다. 자연 속에 고립되었을 때는 기온의 급격한 하강이 가장 위험하다.

이런 사고에 대비해 가방에는 어떤 물건을 넣고 다니면 좋을까? 물을 정화해주는 알약, 소금, 모직 담요, 줄, 방수 천, 손전등, 칼 등이 있으면 언제나 유용하다. 하지만 짐이 너무 많으면 이동할 때 그야말로 생지옥을 경험할 수 있으니 적당히 준비하도록 한다. 가장 중요한 물건은 항상 몸에 지닌다. 가방에 넣어 캠프에 두고 온 구급상자는 위급 상황에서 아무런 도움이 되지 않는다.

길을 잃었다면 야영지에 쪽지를 남기거나 길 중간 중간에 흔적을 남기면서 걷는다. 땅바닥에 글을 쓰는 것도 좋은데, SOS 신호를 최대한 크게 써야 발견될 가능성이 있다. 구조 헬기가 볼 수 있도록 불을 피워 연기를 내는 것도 좋은 방법이다. 하지만 무엇보다 중요한 점은, 오지로 떠날 때는 공원 관리원이나 경찰, 호텔 직원 등에게 예상 이동 경로와 여행 기간을 미리 알려놓고 최대한 정해진 대로 움직이는 것이다.


## 역사적 순간들

16세기 서양의 많은 모험가들은 거대한 남쪽 대륙이 존재한다고 믿었다. 그중 몇 명이 호주 땅의 일부를 발견하기는 했지만 당시에는 그 중요성을 제대로 알아차리지 못했다. 이후 1606년에 네덜란드인인 윌렘 젠즈가 케이프요크 반도를 발견했고, 1616년에 그의 동료 딕 하토그가 웨스턴오스트레일리아를, 1642년에는 역시 네덜란드인 아벨 타스만이 태즈메이니아 섬을 발견했다. 또한 1688년에 호주 북서부 해안가에 도착한 영국인 윌리엄 댐피어와 1696년 퍼스의 스완 강을 발견한 윌리엄 브래밍이 있었다.

이후 호주에 사람들이 들어와 정착한 역사를 간략하게 정리하면 다음과 같다(물론 그 전에도 호주 원주민이 살고 있었으므로 이것은 명백히 백인 정착민들의 역사라고 할 수 있다).


| 1770 | 영국인 제임스 쿡 선장이 보타니 베이에 도착. 동쪽 해안가를 뉴사우스웨일스라고 명명 |

태즈메이니아 섬 포트 아서에 있는 옛 감옥 건물. 1830년에 세워졌다.

| | |
|---|---|
| 1788 | 호주 최초의 정착민인 영국의 범죄자들을 태운 배가 보타니 베이에 도착(남성 548명, 여성 188명) |
| 1793 | 최초의 자발적 이주자가 호주에 도착 |
| 1828 | 최초로 인구조사 시행. 강제 이주자와 자발적 이주자를 통틀어 3만 6000명, 군인 2549명 |
| 1851 | 뉴사우스웨일스에서 최초로 금 발견 |
| 1883 | 뉴사우스웨일스 브로큰힐에서 은 발견 |
| 1900 | 연방헌법 제정 및 영국으로부터의 독립 선언 |
| 1902 | 여성에게 연방선거 투표권 부여 |
| 1908 | 수도로 캔버라 지정 |
| 1932 | 시드니하버브리지 완공 |
| 1947 | 영국과 유럽 이주자들을 위한 새로운 이민정책 도입 |
| 1949 | 시민권 제도 시행 및 로버트 멘지스 정권 수립 |
| 1956 | 멜버른에서 올림픽 개최 |

| 1964 | 최초의 전국신문 「더 오스트레일리안」 창간 |
|------|----------------------------------------|
| 1966 | 최장 기간 총리를 지낸 로버트 멘지스 사임 |
|      | 십진제 통화 및 미터법 도입 |
| 1967 | 원주민에 대한 차별에 반대하는 국민투표 시행 |
|      | 마지막 교수형 집행(도박과 절도로 유죄 판결을 받은 로널드 라이언이 탈옥을 시도하는 과정에서 교도소장을 칼로 찔러 죽게 한 후 교수형을 선고받음) |
|      | 해럴드 홀트 총리가 빅토리아 주 주변 바다에서 실종 |
| 1968 | 자유당 당수였던 존 고튼이 총리에 임명 |
| 1969 | 남녀평등 임금법 통과 |
| 1972 | 백호주의 폐지 |
|      | 의무병역 폐지 |
| 1973 | 투표 나이 제한을 18세로 변경 |
|      | 영국의 엘리자베스 2세 여왕을 호주 여왕으로 임명 |
|      | 설계 시작 16년 만에 시드니오페라하우스 완공 |
| 1979 | 원주민이 정부로부터 영구적 토지소유권 취득 |
| 1983 | 변동환율제 도입 |
| 1984 | 울루루와 에어즈락에 대한 관리권을 원주민에게 이전 |
| 1986 | 영국에서 호주법(Australia Act) 통과 |
|      | 피터 페이먼 감독이 만든 영화 「크로커다일 던디」가 호주와 미국에서 각각 최고 수익을 기록한 영화로 기록됨 |
| 2000 | 판매세를 폐지하고 상품 및 서비스세 제도로 전환 |
|      | 시드니에서 올림픽 개최 |
| 2003 | 호주 총인구 2000만 명 돌파 |
| 2008 | 원주민에 대한 정부의 공식사과 표명 |
| 2010 | 호주 총인구 2250만 명 돌파 |

## 갈리폴리가 준 교훈

호주 사람들은 스스로를 웃음거리로 만들거나 지나치게 낮춰 말하기도 하지만 외부인이 자신들을 비웃으려고 하면 가만히 있지 않는다. 이렇게 남의 평가에 예민한 것은 역사가 짧은 나라에서 흔한 일이다. 호주 사회의 역사는 이제 겨우 200년밖에 되지 않았다.

모든 것이 농담의 대상이 되는 호주에서 딱 하나 예외가 있다면 바로 갈리폴리 Gallipoli이다. 호주의 국가 정체성에 대해 제대로 이해하고 싶다면 갈리폴리에 대한 기본 지식을 꼭 습득해야 한다. 이 일의 중요성을 알려면 4월 25일에 호주에 머물면서 국가공휴일인 앤잭 데이를 지내보면 더욱 좋은데, 앤잭 Anzac은 제1차 세계대전 때 결성된 호주와 뉴질랜드 연합군의 앞 글자를 딴 단어이다.

갈리폴리는 현재 터키 영토에 있는 항구로, 제1차 세계대전 때 터키와 교전 중이던 영국이 지중해의 지배권을 장악하기 위해 상륙작전을 펼친 곳이다. 당시 호주와 뉴질랜드는 영국의 식민지였다는 이유만으로 연합군을 결성해 이 전투에 참여했는데, 승리가 아닌 대패하고 물러난 아픔의 장소이다.

호주와 뉴질랜드가 각각 공휴일로 삼아 기념하는 4월 25일은 갈리폴리 상륙 게시일이었다. 당시 영국의 동맹국이었던 러시아에 군사물자를 전달하기 위해 거칠고 험한 갈리폴리 해안 절벽에 상륙하는 작전을 펼쳤으며 치열한 전투 끝에 같은 해 12월 19일에 철수했다. 이 전투에서 8000명 이상의 호주군과 2000명의 뉴질랜드군 및 프랑스군이 목숨을 잃고 1만 9000명의 호주군이 부상당했다. 평균 다섯 명 중 한 명이 죽고 둘 중 하나가 다친 엄청난 희생이었다.

© paintings / Shutterstock.com

　호주인이 이 참혹한 역사를 기념일로 삼아 기리는 것은 불
가능에 도전한 호주군의 고귀한 용기 때문도, 죽을 때까지 지
켰던 그들의 전설적인 동료애 때문도 아니다. 중요한 것은 당
시 호주가 식민지였기 때문에 자신들과는 아무런 상관도 없는
유럽의 전쟁에 나가 귀중한 자식들을 잃었다는 사실이다. 호
주는 이미 1900년에 영국으로부터 독립하겠다는 의지를 표명
하고 다음해 오스트레일리아연방을 공식적으로 발표한 상태
였지만 이 전투에 나가 영국에 충성을 다했다. 하지만 당시 영
국의 전쟁 지휘관이었던 윈스턴 처칠의 잘못된 판단 때문에
갈리폴리에서 철저히 버림을 받았고, 이 일을 계기로 마침내
자신들의 모국이기도 했던 영국과의 진정한 결별을 시도한다.
피터 위어 감독의 1981년 영화 「갈피폴리」는 그 상황을 충실
히 묘사하고 있다.
　잘 알려진 사실이지만 처음에 호주에 정착한 유럽인은 영국

45

에서 이곳으로 이송된 죄수들이었다. 이들 중에는 아일랜드인이 상당수여서 기본적으로 영국에 대한 원한이 있었지만 이 전투 때문에 더욱 강해졌다. 갈리폴리 전투는 호주인이 영국의 잔재에서 벗어나 국가에 대한 인식을 바로 세우는 데 결정적 역할을 했다.

## 커다란 조각 퍼즐

호주 지도를 보면 마치 몇 개의 커다란 퍼즐 조각을 맞춰놓은 것 같다. 호주는 아주 오랫동안 여러 개의 자주적인 집단으로 이루어져 있었기 때문에 하나의 나라 또는 독립국가라는 인식을 생소하게 여기는 사람이 아직 많다. 그뿐 아니라 가로 4000킬로미터, 세로 3000킬로미터가 넘는 광활한 땅은 호주 내에서의 소통을 더욱 어렵게 만든다. 국내선 비행기 탑승료가 해외 탑승료와 맞먹을 정도로 호주는 넓다.

총 6개 주와 2개 특별자치구로 이루어진 연방국가인 호주는 오래전부터 주마다 고유한 정부를 설립해 독자적으로 운영해왔다. 효율적인 중앙정부를 운영하려는 노력은 비교적 최근에야 시작되었다. 1991년에 처음으로 호주 전역에 걸쳐 소송 절차와 전력, 도로망, 철도 선로 등에 관한 기준을 표준화하기 위한 정부 부서가 설립되었고, 이런 노력이 결실을 맺을지에 대해서는 여전히 많은 사람이 의구심을 품고 있다.

주마다의 행정 차이는 호주의 경제 발전에도 커다란 걸림돌이 되고 있다. 동부에서 재배한 감자를 웨스턴오스트레일리아로 가져다 판매하는 일은 금지돼 있다. 기술자와 배관공, 의사, 변호사는 자신이 현재 살고 있는 주 외의 다른 곳에서 일하려

면 별도의 면허를 취득해야
한다. 퍼스로 가는 화물 컨테
이너는 총 네 번에 걸쳐 기관
차를 바꿔 타고, 5번의 안전
검사를 거치며, 크기가 다른
6개의 로딩 게이지로 측정된
다음 승무원 교대를 위해 12
시간을 더 대기해야 한다.

한편 세금을 징수하는 권한은 1942년에 관련법을 정비하면
서 상당 부분 연방정부로 넘어갔다. 지금은 전체 정부 예산의
80퍼센트에 해당하는 금액을 연방정부에서 걷고 있다.


## 호주인이 외국인을 보는 시선

다른 나라 사람들이 호주인에 대해 어떤 고정관념이나 인상
을 갖고 있는 것처럼, 호주 사람들도 다른 나라 사람과 인종,
그들의 신념과 문화에 대해 꽤 많은 선입견을 갖고 있다. 이것
을 알고 그들을 만나면 관계를 맺기가 더 매끄럽고 한층 가깝
게 다가갈 수 있을 것이다.


### 프랑스인

호주 사람들은 대체로 프랑스에 대해 적대감을 느낀다. 프
랑스가 호주 근처에 핵 시설을 만든 사실이 있고 '프랑스인은
전반적으로 믿을 수 없다'는 오랜 선입견이 있기 때문이다. 프
랑스 혐오증은 호주인이 유럽에 대해 품고 있는 '문화적 열등
감' 때문이기도 한데, 호주 사람들은 유럽의 고풍스럽고 세련

된 문화와 역사 앞에서 유독 작아지는 경향이 있다. 이런 복합적인 이유로 프랑스인과 프랑스 요리에 대해 농담하거나 비꼬는 경우를 종종 볼 수 있다. 하지만 최근 들어 프랑스 '스타일'에 대한 관심이 높아지면서 우호적인 태도를 보이는 사람도 많아졌다.

## 영국인

영국인에 대한 감정도 그리 좋은 편은 아니다. 두 나라 사이의 오랜 역사만큼이나 감정의 골이 깊다. 호주 사람들은 영국인이 원래 짜증과 불평이 많은데다 노동운동을 이끄는 위원장 노릇 등을 하면서 그 수준이 한층 진화했다고 생각한다. 영국이 유럽연합에 가입하고 호주의 주요 수출국에서 점차 순위가 밀려나면서 두 나라 간의 전통적인 관계도 약해지고 있다. 호주인 대부분은 영국에서 대학을 나와 영국 악센트를 쓰는 정치인들에 대해 지나칠 정도의 농담을 서슴지 않으며, 심지어 어떤 티셔츠에는 '호주를 아름답게 만들자. 영국인을 쏴버리자.' 같은 문구가 새겨 있기도 하다.

하지만 영국에 대한 태도는 또 상당히 모순적이다. 2만 킬로미터나 떨어져 살고 있는 영국 여왕에게 호주 여왕의 자리를 맡기고 있는 것만 봐도 그렇다. 영국이 호주의 법을 만들거나 정부 임무를 대신할 수 없도록 제정한 호주법은 1986년이 되어서야 통과되었다. 이후 1999년에 호주는 공화국 전환을 위한 국민투표에서 '여왕의 지위를 이대로 유지해야 하는가'에 대한 국민투표를 실시했는데, 55퍼센트 이상이 그대로 유지하기를 원했다.

투표에서 정확한 질문은 이랬다. "이번에 법이 상정되었습

니다. 여왕과 연방총독이 다스리는 호주의 연방제를 연방의
회의 3분의 2 이상이 찬성한 대통령 중심 공화제로 바꾸는 것
에 대해 어떻게 생각하십니까? 이런 변화에 찬성하십니까?"
이에 대해 호주 국민의 55퍼센트가 "아니오."라고 답함으로써
호주는 새천년과 함께 완전히 새로운 모습의 연방정부를 맞이
할 기회를 놓쳐버렸다. 어쩌면 영국 여왕의 지위 존속을 바랐
다기보다 새로운 정치 구조로의 변화를 원치 않았을 것이다.
하지만 어쨌든 이런 자기모순적인 태도는 호주 사람들이 얼마
나 변화를 싫어하는지를 보여주는 좋은 예이기도 하다.

### 미국인

호주 백인과 미국인은 역사적 경험과 국가 특성에서 여러
가지 공통점이 있다. 두 나라는 모두 연합국이며, 1952년 뉴질
랜드를 포함해 태평양안전보장조약을 맺은 군사 동맹국이기
도 하다. 2005년에는 양국간 자유무역협정을 맺어 활발한 경

호주와 미국의 수많은 공통점 중 하나인 로데오.

제 교류를 이어오고 있다. 두 나라 사람들은 기질적으로도 비슷한 구석이 많다. 성격이 쾌활하고 격식을 차리기 싫어하는 점 그리고 솔직하고 거침없는 표현방식을 쏙 빼닮았다. 지형이 거칠고 어마어마하게 큰 땅덩어리를 정복해서 개척자 정신으로 살아가고 있다는 것도 공통점이다.

호주와 미국은 원주민의 독특한 문화가 공존하는 나라이기도 하다. 실제로 미국은 호주 원주민이 현대 사회에 정착하고 사회적 기반을 다지는 데 많은 도움을 주었으며, 비슷한 경험이 있는 미국 인디언들이 직접 호주에 방문해 소외된 삶을 살던 원주민들에게 구원의 손길을 내밀기도 했다. 또한 두 나라는 자유와 인권, 민주주의를 수호하고 열정적으로 부르짖는 모습까지도 형제처럼 닮아 있다.

언어와 문화적인 공통점 역시 두 나라 사이의 관계를 돈독히 하는 데 큰 역할을 한다. 호주 사람들도 미국인처럼 햄버거를 좋아하고, 자동차에 탄 채로 음식을 주문해 먹을 수 있는 드라이브인 레스토랑을 즐겨 찾으며, 컨트리음악을 즐겨 듣는다. 호주인은 미국 문화에 대해 보편적인 친밀감을 느끼고 그것을 동경하기도 한다. 물론 일각에서는 미국 문화가 갈수록 빠르게 유입되는 것에 우려를 표하고 세계적으로 절대 권력을 행사하는 미국에 대해 부정적인 감정을 드러내기도 한다. 하지만 호주인 대부분은 제2차 세계대전 당시 미국이 일본의 공격으로부터 호주를 보호해주었다는 사실에 감사한 마음을 갖고 있다.

## 이탈리아인과 그리스인

호주에서 이탈리아인과 그리스인에 대한 농담 중에는 재미

있는 것이 많다. 상당수의 호주인은 자신의 조상이 이탈리아 인이거나 그리스인이라고 주장한다. 실제로 호주인의 4퍼센트는 이탈리아에서 태어났고, 2퍼센트는 그리스에서 태어났다. 멜버른은 세계에서 세 번째로 큰 그리스 도시라고도 불린다. TV 프로그램에서 이탈리아 악센트를 구사하는 캐릭터도 곧잘 볼 수 있다. 이탈리아 혈통의 호주인은 집을 지을 때 고대 로마신전에서 본 듯한 기둥과 현관, 동상 등으로 그 뿌리를 표현하기도 한다.

### 뉴질랜드인

호주 사람들은 뉴질랜드인을 '키위 Kiwi'라고 부른다. 지리적으로 가까운 만큼 뉴질랜드인에 대한 태도가 호의적일 것이라고 생각하기 쉽지만 실제로는 정반대다. 호주인 입장에서 뉴질랜드인은 직업을 빼앗는 사람들이다. 뉴질랜드인은 별도의 비자 없이 호주에 들어와 자유롭게 일할 수 있는데, 실제로 수많은 뉴질랜드인이 성인이 되면 호주에 와서 일자리를 찾는다. 호주 사람들은 또 갈수록 치솟는 범죄율의 책임이 베트남인과 더불어 뉴질랜드인에게 있다고 믿고 있다.

### 태즈메이니아인

호주 남동쪽으로 240킬로미터 떨어져 있는 태즈메이니아섬은 분명 호주 영토의 일부이지만 본토에 사는 사람들은 이곳 사람들을 마치 이방인처럼 말한다. '태지 Tassie'라는 애칭으로 불리기도 하는 태즈메이니아인은 총면적 6만 7000제곱킬로미터쯤 되는 이 섬에 50만 명 정도가 흩어져 산다.

태즈메이니아인은 본토 사람들의 단골 이야깃거리이다. 그

본토 사람들의 편견에는 아랑곳없이 오늘날 많은 사람들이 호주 태즈메이니아에서의 소박한 삶을 동경한다. 사진 배경은 크레이들 산과 세인트클레어 호수.

들의 농담에는 테즈메이니아인이 모두 촌뜨기에 보잘 것 없는 시골 사람이라는 인식이 다분히 깔려 있다. 오랫동안 부족 고유의 전통에 따라 친족 결혼을 한 결과, 육체적·정신적으로 정상이 아닌 아이들이 태어났다고도 말한다. 예컨대 테즈메이니아인을 가리켜 머리가 두 개라거나 머리끝이 뾰족하다고 놀리는 사람도 있다. 하지만 요즘은 사람 손을 많이 타지 않은 테즈메이니아의 자연에 반해 예술가와 소박한 삶을 꿈꾸는 이들이 일부러 찾아가서 살기도 한다.

## 아시아인

호주인이 말하는 아시아인은 대개 중국인과 베트남인을 가리키며 가끔 일본인과 한국인도 포함된다. 여기에 인도인은 해당되지 않는다. 몽골계 혈통을 가진 사람들만 아시아인으로 여기는 셈이다. 이는 주로 남아시아에서 건너온 사람을 아시아인이라고 칭해온 런던과 버밍햄 같은 영국 도시들과는 상당한 차이가 있다. 한편 인종 차별주의자들 사이에서 '아시안'이라는 단어는 '눈이 가늘게 찢어진'을 뜻하기도 한다.

호주 정부는 아시아에서 온 이민자들이 현지 생활에 잘 융합하도록 부단한 노력을 기울여왔다. 1996년부터 학교에서 중국어와 일본어, 말레이어를 가르치는 프로그램을 운영했으며 어떤 주에서는 필수과목이었다. 호주와 아시아의 관계 강화를 위한 조사와 연구도 꾸준히 이루어졌다. 하지만 이런 노력에도 불구하고 오늘날 호주 학생들 중 20퍼센트 정도만이 아시아 언어를 배우며 대학입시를 치르는 12학년생의 경우 고작 6퍼센트만이 아시아 언어를 공부한다. 이미 경제 대국으로 주목받고 있는 중국과 지리적 여건이 좋은 인도네시아 등 호주의 미래를 밝게 할 파트너들이 아시아에 많이 포진돼 있음을 고려할 때 이는 우려스러운 상황이라고 많은 이들이 진단한다.

## 백호주의

나는 지금까지 이 질문을 던지고 답하기 위해 위의 이야기들을 했다. '호주인은 과연 인종 차별주의자들인가?' 내가 1990년대 초반에 이 책을 처음 쓸 때 호주노동당은 공식적으로 다문화주의를 지지했다. 나 역시 다문화주의를 지지하면서 앞의 질문에 다음과 같이 답했다. "아니다. 호주 사람들은 피부색과 신념에 상관없이 모든 사람을 똑같이 무시하고 무례하게 대한다."

하지만 호주에서 심각한 인종차별이 있었던 것만은 사실이다. 이민자의 나라인 호주에서 한때 백인이 아닌 사람들의 이민을 제한하는 차별 정책이 존재했다. 이 얘기를 하려면 1901년까지 거슬러 올라가야 한다. 1840년대에 들어서며 호주는 금광에서 일할 수 있는 값싼 노동력을 확보하기 위해 중국인 이민자를 적극적으로 받아들였다. 하지만 얼굴색이 다른 이민자가 너무 늘어나자 1901년, 유럽 외 나라에서 건너오는 이민자를 제한하기 위해 인종차별주의적인 정책을 도입한다.

이 백호주의 정책은 여러 가지 우스꽝스러운 상황을 연출했다. 예컨대 호주로 이민을 원하는 쌍둥이 중에 외모가 인도인에 가까운 형은 입국을 거부당했지만 백인과 비슷하게 생긴 동생은 입국을 허가받았다. 또한 피부색이 너무 어둡다는 이유로 남유럽인도 이민을 거부당했다. 이를 보완해 1950~60년대에는 영국-인도 혼혈 또는 싱가포르와 말레이시아의 유라시안 혼혈과 같이 유럽의 직계 혈통임을 입증할 수 있는 아시아인은 호주에 정착할 수 있도록 규정을 바꾸었다.

1973년까지 이 정책은 사라지지 않았다. 호주 사람들 중에는 지금까지도 아이들에게 북쪽에서 다가오는 '황색 위험 Yellow Peril'을 조심해야 한다고 가르치는 사람들이 있다. 일부는 호주의 범죄율 증가가 베트남인 때문이라고 믿고 있으며, 아시아인이 이민을 오면서 결핵과 B형간염 같은 나쁜 질병을 함께 가져왔다고도 말한다. 아시아인들로 인해 고용 기회가 줄어든다고 불평하는 사람도 당연히 많다. 이런 사고를 완전히 떨쳐버리는 데는 아무래도 많은 시간이 걸릴 것이다.

하지만 호주는 이제 경제적으로 살아남기 위해 아시아와 손을 잡아야 한다는 사실을 잘 알고 있다. 호주 경제가 오랫동안 의존했던 유럽과 미국은 점점 호주로부터 등을 돌리고 그들간의 무역을 증가시키는 중이다. 호주에게도 다른 든든한 지원군이 필요하다. 많은 호주 기업들은 이미 실상을 파악하고 있지만 오랜 관습의 영향으로 여전히 영어를 주 언어로 삼는 국가와의 무역만 고집하는 곳도 있다.

# 3
# 호주 사람들

그는 굉장히 친절한 사람이에요.
아무도 그가 호주 출신이라고 상상도 못했을 걸요.

– 조지 버나드 쇼의 『바바라 소령』 중에서

## 호주인에 대한 다양한 편견

내가 1980년대에 호주, 그것도 웨스턴오스트레일리아 주로 이민 가겠다는 결심을 밝혔을 때 사람들은 하나같이 "아니, 왜 하필이면 거기야?"라는 질문을 던졌다. 이어지는 반응에 따라 나는 그들이 호주에 대해 어떻게 생각하는지를 살짝 엿볼 수 있었다. 호주는 호불호가 명확하게 갈리는 나라이다. 싫어하거나 좋아하거나 하는 구분이 흑과 백처럼 선명하다. 사람들은 누구나 자신의 지리적 · 정신적 · 문화적 뿌리에 따라 호주인에 대한 편견과 오해를 품고 있다.

### 유럽인의 오해

유럽이 고향인 사람들은 호주인이 대체로 야만적이고 입이 걸걸하며 무식하고 교양 없을 뿐더러 손 쓸 수 없을 정도로 편협하다고 생각한다. 몸집은 크지만 정신이 미숙하고 때때로 순진하며 형편없는 옷을 걸치고 다니는 사람, 와인을 잘 마시지 못하고 밑도 끝도 없이 우기기에 능하며 프랑스어로 적힌 메뉴를 제대로 이해하지 못하는 사람, 유럽인의 눈에 비친 호주인은 한마디로 무식한 농민이다. 하지만 다행스럽게도 유럽인 대부분은 호주나 호주인에 대해 별다른 관심 없이 자신의 인생을 살기에 바쁘다.

## 영국인의 오해

영국 사람들은 와자지껄한 호주 사촌들을 묘한 경계심과 두려움을 갖고 바라본다. 필요 이상으로 솔직하고 영국의 혈통다운 예의를 갖추지 못한 무식하고 음란한 사람들이라고 여기며, 격식이나 교양과는 담을 쌓은 숙맥들이라고 생각한다. 때와 장소를 가리지 않고 몸으로 문제를 해결하려는 태도에는 두려움과 감탄을 동시에 느끼며, 만나자마자 이름을 부르면서 허물없이 사람을 대하는 태도를 신기하게 생각한다. 게다가 그들 기준에서 호주인의 영어 억양은 끔찍한 수준인데, 영국 빈민가에서 쓰는 억양과 많이 닮아 자연스레 가난하다는 인상을 받는다.

## 아시아인의 오해

있는 그대로 솔직하게 표현하기보다는 예의를 갖추고 자제하는 것을 미덕으로 여기는 아시아 사람들은 직설적인 호주인을 두렵고 피하고 싶은 존재로 생각한다. 때와 장소를 가리지 않고 웃통을 벗어 던지는 행동에 당황하는 경우도 종종 있다.

아시아인의 눈에 비친 전형적인 호주인은 뼛속까지 인종 차별주의자에 게으르고 뚜렷한 직업 없이 빈둥거리는 무능력자들이다. 열심히 일해서 목돈을 모으는 것을 목표로 삼는 아시아인과 달리 호주 사람들은 돈을 벌고자 하는 마음도 없고 노력도 하지 않는다고 생각한다. 호주에 막 정착한 아시아인은 집에 갑자기 전기가 끊기고 사람들은 맨발로 거리를 활보하며 경찰과 관공서는 무능력한 데다 번거로운 형식주의를 고집하는 등, 가난한 나라에서나 볼 수 있는 광경들을 아무런 불평 없이 받아들이고 사는 호주 사람들에게 놀라움을 금치 못한다.

크로커다일 던디

　미지의 땅을 개척하는 일명 '크로커다일 던디'의 모습은 호주인에 대한 대표적인 편견이다. 사실 많은 호주인은 이런 개척자 이미지를 자랑스럽게 여겨 해외여행을 갈 때는 꼭 카우보이모자나 사파리 모자를 써서 호주 출신임을 온몸으로 알리려고 한다. 도시에 사는 사람들은 특히 사륜 오토바이를 타고 거친 자연을 질주하는 터프가이 이미지에 매력을 느낀다.

　1980년대에 제작된 영화 「크로커다일 던디」는 이런 이미지를 잘 반영하고 있다(이후 3편까지 제작되었다). 다음으로는 영화배우 출신의 환경운동가 스티브 어윈이 TV 프로그램에 나와 악어 같이 위험한 동물에게 서슴없이 다가가는 터프한 자연인의 모습을 남김없이 보여주었다(그는 2006년 해양 다큐멘터리를 촬영하다가 꼬리에 맹독이 있는 노랑가오리에 찔려 사망했다 -역자). 최근 들어서는 인기 배우 휴 잭맨이 탄탄한 근육에 말수가 적고 모자를 쓴 소몰이꾼 이미지를 잘 소화해내 차세대 크로커

영화 「크로커다일 던디」 광고판 앞에 선 주연배우 폴 호건.

다일 던디로 주목받고 있다.

많은 이들은 모든 호주인이 다부진 근육질 몸매에 구릿빛으로 잘 그을린 피부를 가진 마초이며 매일 만나는 혹독한 자연에도 굴복하지 않고 용감할 것이라는 선입견을 가지고 있는 것 같다. 원주민의 영향을 받아 신비한 자연의 속삭임에 민감하고 저녁 식사로는 큰도마뱀을 구워먹으며 대부분 시간을 악어나 독이 있는 뱀과 씨름하거나 활활 타오르는 들불을 잡으면서 보낸다고 말이다. 하지만 이런 선입견은 사실과는 거리가 매우 멀다. 실제로 90퍼센트에 달하는 호주인은 해안가 주변 대도시에 모여 살고 있으며 거친 자연에 맞서는 오지의 삶보다 도시의 편안함과 안락함을 추구한다.


## 벌꿀색의 나라

호주인에 대한 다양한 고정관념 가운데 분명 어느 정도는 사실이 섞여 있다. 하지만 하나의 단어나 표현으로 호주인의 특성을 단정 짓기에는 오늘날 호주가 너무나도 다양한 인종이 모여 사는 다국적 국가의 면모를 갖추고 있다.

해마다 호주로 건너오는 이민자 수는 꾸준히 증가하고 있으며 그중에서도 아시아 이민자의 비율이 높다. 호주는 이제 백인의 나라라고 말하기 힘들 정도로 다른 나라에서 건너온 이민자들이 많고 그 영향을 크게 받고 있다. 최초로 중국에 파견된 호주 대사 스티븐 피츠제럴드는 머지않아 호주인의 피부색은 '벌꿀색'이 될 것이라 말하기도 했는데, 그만큼 아시아계 이민자 수가 많을 뿐더러 국제결혼도 점차 늘어나는 추세이다.

호주는 확실히 '이민자의 나라'이다. 전체 인구의 4분의 1이 호주 밖에서 태어났고, 부모 중 적어도 한 명은 외국에서 태어난 사람까지 포함하면 다문화 배경을 가진 호주인은 전체 인구의 45퍼센트를 차지한다. 2009년 통계에 따르면 아시아 지역에서 태어난 호주인은 8퍼센트에 달했다. 그뿐 아니라 약 50만 명의 호주 원주민이 그들만의 고유한 문화를 지키며 살아가고 있다.

호주는 더 이상 앵글로셀틱(영국계 백인) 문화를 따르는 나라라고 보기 어렵다. 국민의 절반 정도는 스스로 앵글로셀틱의 후손이라고 믿고 있지만 오랜 시간에 걸쳐 다국적 이민자들을 받아들인 결과로 이미 전 세계 다양한 문화가 뒤섞여버렸다.


## 호주인이 생각하는 호주인

그렇다면 호주 사람들은 스스로를 어떻게 생각할까? 다행이도 이들은 영국인 조상에게서 자기 존재조차 조롱거리로 삼을 줄 아는 여유를 물려받았다. 호주인은 자신들에 대해 심각하게 생각하지 않으며 농담도 서슴없이 던진다. 하지만 대부분은 마음 깊은 곳에 자신들의 생활 방식이 옳고 최선이라는 확신을 갖고 있다. 현재의 삶에 만족하기 때문에 더 나은 방법을 찾아 나설 이유가 없다는 생각이다. 스스로를 평등하고 솔직하며 숨김이 없고 삶의 위기에도 굴복하지 않는 거친 파이터 같은 존재라고도 여긴다. 또한 모두에게 공정하고 위험에 처한 타인에게는 도움의 손길을 내미는 정의로운 사람이라고 생각한다.

이런 태도가 외부인의 눈에는 조금 거만하고 고집스러워 보일 수도 있다. 하지만 이들은 스스로 그런 기질을 타고난 호주인이라는 사실에 상당한 자긍심을 느낀다. 예컨대 국경일인 '호주의 날'이 되면 누가 시키지도 않았는데 국민들이 거리로 뛰쳐나와 호주 국기를 펄럭거린다. 이런 행동을 맹목적 애국주의라고 비난하는 목소리도 있지만 이들이 국가에 대해 보여주는 아주 단순하지만 깊은 애정은 여러 가지 의미에서 존경스러울 때가 있다.

## 식민지 시대의 뿌리

호주인을 마음속까지 이해하려면 호주의 역사를 자세히 들여다볼 필요가 있다. 1788년 호주 땅에 처음 발을 디딘 그들의 조상은 영국에서 강제이주를 당한 죄수들이었다. 호주는 처음부터 이들의 힘에 의해 영국 식민지로 개척되었다. 그 숫자와 영향력은 줄어들고 있지만 지금도 영국을 고향이라 여기고 영국 억양을 고수하는 사람들이 있다. 공식적인 여왕의 지위 역시 영국 여왕이 맡고 있다.

제2차 세계대전 이후 다국적 이민자들이 유입되어 다양한 문화를 전파하고는 있지만 호주인의 뿌리는 변함없이 런던 또는 아일랜드에서 건너온 노동자 출신 영국인 이주자들이라고 할 수 있다. 영국에서는 더 이상 쓰지 않는 영어 표현을 이곳에서 발견할 때가 많을 정도로, 호주 곳곳에는 아직도 영국의 영향이 많이 남아 있다.

## 문화적 열등감

역사적 배경 탓이겠지만 호주 사람들은 오래 전부터 영국에서 만들어진 것이 무조건 호주 것보다 낫다고 생각해왔다. 영국 문화에 대한 추종을 대놓고 표현하지는 않지만 무의식적으로 영국 또는 유럽이 문화적으로 우위에 있다고 생각하는 편이다. 내가 만났던 어떤 사람은 프랑스 문화에 대한 집착이 아주 강해서 프랑스에서 생산된 것이라면 묻지도 따지지도 않고 최고급으로 치는 버릇이 있었다. 최근 들어서는 미국과의 관계가 급속히 가까워지면서 젊은 세대를 중심으로 미국 문화를 향한 열정이 두드러지고 있다.

이런 문화적 사대 현상은 특히 예술 분야에서 두드러지는데 호주의 영화와 문학, 패션 등의 수준이 아직까지 할리우드나 프랑스, 영국을 따라가지 못한다고 생각하는 사람이 많다. 하지만 요즘은 호주 사회 내부에서 외국 문화에 대한 지나친 추종을 반성하자는 의견이 힘을 얻고 있으며, 이런 주제가 미디어와 학자들 사이에서 뜨거운 논쟁을 낳기도 한다.


## 기질과 특성

호주 사람들의 생활 방식은 (그들이 도시에 살고 있더라도) 분명 어딘지 모르게 '시골스러운' 부분이 있다. 하지만 이런 점이야말로 호주인의 매력이 아닐까 싶다. 매사에 직설적이고 솔직한 호주 사람들은 종종 유치할 정도로 단순하다. 이들의 가장 좋은 점은 처음 본 사람에게도 스스럼없이 말을 걸고 느긋한 태도로 이야기를 즐기는 것이다. 그곳이 길거리이든 버스 안이든 상관없다(물론 시드니의 복잡한 퇴근 시간이라면 예외겠지만).

싱가포르의 언론인 차이 킴 와는 1989년에 「선데이 타임스」에 실은 훌륭한 여행기를 통해 호주인의 이런 특징을 아주 깔

끔하게 요약했다. "호주인은
자신들의 시간을 스스럼없이
내어주며 소탈한 친구가 되
고자 한다. 이것은 미국식의
과장된 친절이 아니다. 바로
느긋함이다."

호주인의 여유로운 태도가 늘 좋은 것만은 아니다. 특유의 느긋함으로 일 처리가 느린 경우가 많다. 예컨대 슈퍼마켓에서 점원이 앞사람과 수다를 멈추지 않아도 참을성 있게 기다리는 인내심을 키워야 한다.

그러므로 길에서 호주 사람에게 말을 건네는 일을 절대 두려워하거나 망설일 필요는 없다. 조금만 용기를 낸다면 호주인은 미소와 친절한 대화로 보답할 것이다. 한 가지 주의할 점은, 그들이 바라는 정이 넘치는 대화를 위해서는 반드시 영어를 할 줄 알아야 한다는 것이다. 호주인 대부분은 영어 외의 언어에 취약한 편이며 영어를 못하는 사람은 아예 이방인으로 취급해버린다.

## 한번 친구는 영원한 친구

의리와 우정을 소중하게 생각하는 호주인은 한번 사귄 친구는 영원한 친구로 삼는다. 호주 친구를 두면 좋은 점 중에 단연 으뜸은 비상사태가 일어나도 걱정할 필요가 없다는 것이다. 호주 사람들은 화재와 홍수, 범죄와 같이 위급한 상황이 벌어지면 본연의 '개척자' 기질을 발휘해 두 팔을 걷어붙이고 사태 수습에 나선다. 본인이 위험에 처할지라도 다른 사람을 구하는 일에 주저하지 않는다.

이들이 우정을 매우 중요하게 생각한다는 사실은 '우정 Mateship'이라는 단어와 의미를 호주 헌법에 추가해야 한다는 의견이 거론되는 점만 봐도 알 수 있다. 아시아와 다른 나라에서 온 사람들은 초기에 호주인의 생활 방식을 이해하지 못해서 '이기주의자'라는 꼬리표를 붙이기도 하지만, 인종차별을 일삼는 극히 보수적인 성향의 호주인도 다른 나라 사람들과는 확실하게 구별되는 우정을 보여준다. 예컨대 아시아인에 대한 부정적인 열변을 토하다가도 자신이 잘 아는 아시아 친구를 욕하는 다른 백인을 보면 가만두지 않는다. 호주 사람들은 '한 번 친구는 영원한 친구'라는 생각을 말이 아닌 행동으로 보여 준다.

## 순진한 성격

호주 사람들은 대체로 순진한 편이다. 상대방이 하는 말을 의심 없이 믿어버려 사기도 잘 당한다. 대도시에서 대문을 걸어 잠그거나 자동차 문을 잠그기 시작한 지도 얼마 되지 않았다. 지금은 많이 바뀌었지만 꽤 최근까지도 은행에서 '미키마우스'라는 이름을 대고 계좌를 설립하는 게 가능했고, 개인 계좌에 엄청난 액수의 돈을 입금하고도 영수증을 받지 않는 일이 흔했다. 출입국관리사무소에 실수로 여권을 놓고 와도 별도의 확인 절차 없이 우편으로 돌려받을 수 있었다.

이런 특성 탓에 호주인이 아시아에서 사업에 성공하기는 굉장히 어렵다. 뜻하는 바를 감추고 에둘러 말하는 것에 익숙한 아시아인의 문화를 이들은 절대 이해하지 못하기 때문이다. 호주인에게는 보이는 것이 곧 전부이고, 말하는 것이 곧 의미이다.

## 누구나 실수는 한다

호주 사람들은 또한 놀라울 정도로 관대하다. 대부분 언제 어디서나 '모든 게 잘 될 것이다(She will be alright)' 그리고 '걱정하지 말자(No worries)'는 긍정적인 사고를 발휘하기 때문에 일을 하면서 당황하거나 화를 내는 일이 거의 없다.

직원이 실수를 했다고 해서 책임을 묻거나 질책하지 않고 어지간하면 용서하고 넘어간다. 그 덕분에 굉장히 밝고 너그러운 직장 생활이 가능하지만, 역으로 무슨 일이든 대충 해도 된다는 나태한 분위기가 조성되기도 한다. 이런 지나친 느슨함 때문에 때로는 작은 실수가 호주에서 강제추방을 당할 정도의 대형 사고로까지 이어지기도 한다.

## 의외로 감성적인 면

호주인은 거칠고 터프한 이미지와 달리 굉장히 감성적인 면도 있다. 호주 술집에서는 성인 남성들이 서로 등을 툭 치며 장난질 하다가도 금세 서로의 어깨에 기대어 눈물을 흘리는 모습을 종종 볼 수 있다. 호주 영화나 광고를 봐도 이들이 얼마나 감성적인지 알 수 있다. 놀라울 정도로 많은 영화와 광고들이 서정적이고 부드러운 장면을 앞세워 보는 이의 감성을 자극하는 데 초점을 맞추고 있다.

호주인의 겉모습은 물론 딱딱하고 거칠다. 모진 환경에서 오랜 세월 혹독한 역사를 견뎌왔음을 증명하듯이 말이다. 하지만 마음을 열고 진정성 있게 다가간다면 그 속은 누구보다 부드럽고 여리다는 사실을 금방 알아챌 것이다.

## 지역별 사람들의 특성

땅덩어리가 넓은 호주는 오래 전부터 여러 지역으로 나뉘어 자치적으로 운영되었기 때문에 지역마다 사람들의 특성도 조금씩 다르다. 다음은 지역별로 대표되는 성향과 이미지를 요약한 것이다.

**시드니**: 도전의식이 강하고 활동적이다. 젊고 영리하며 저돌적
이고 빠르다.

**멜버른**: 딱딱하고 형식적이며 세상물정에 밝다. 세련되고 교양
있지만 잘난 체가 심하다.

**태즈메이니아**: 동작이 굼뜬 시골뜨기. 내성적이다.

**캔버라/오스트레일리아 수도특구**: 따분하고 앞뒤가 막힌 공무원
과 기자, 정치인.

**브리즈번/퀸즐랜드**: 시드니보다 한층 더 대담한 나머지 상스럽
고 수준 낮게 느껴진다. 하지만 유쾌한 성격에 햇빛
을 좋아하는 사람들.

**애들레이드/사우스오스트레일리아**: 조용하고 느긋하다. 말수가
없지만 비교적 세련되고 교양 있다.

**퍼스/웨스턴오스트레일리아**: 세상으로부터 고립돼 시대에 뒤처
졌다. 소규모 마을에서 보수적이고 태평하고 현실에
만족하며 산다. 넉넉한 광물자원 덕에 부유하다.

**노던 테리토리**: 오지를 개척하는 개척자 정신. 거칠고 강하지만
색다른 매력이 있다.


## 원주민의 역사와 삶

호주에서 원주민인 애버리지니<sub>aborigine</sub> 이야기만큼 민감한
주제는 없다. 앤잭과 갈리폴리도 그 다음이다. 호주인과 원주
민에 대한 대화를 나눌 때는 최대한 조심스럽게 접근하고, 부
주의하게 한마디 끼어들기보다는 차라리 말을 아끼는 편이 현

명하다.

민주주의와 인권 보장을 울부짖는 나라 호주에서 원주민 문제는 아킬레스건일 수밖에 없다. 모든 호주인은 물론이고 이민자나 여행자로 호주에 온 사람들도 곧 이 문제에 부딪쳐 자신만의 방식으로 받아들이게 된다. 물론 대도시에서만 살아간다면 아예 모르거나 보지 않고 살 가능성도 있다. 현대 호주인에게 원주민 얘기는 그저 변두리에만 존재하는 그림자이며 가끔 신문의 헤드라인에서만 되살아나는 유령일지 모른다.

## 원주민 인구

최근 진보적인 호주 사람들은 원주민을 가리켜 '최초의 호주인(The First Australian)'이라고 부른다. 호주 원주민들은 적어도 4만 년 전에 동남아시아에서 호주로 건너온 것으로 보인다. 실제로 애버리지니의 곱슬머리와 약간 푸른빛을 띠는 검은 피부, 넓적한 코와 두터운 입술은 인도나 파푸아뉴기니 혈통의 특징이다.

1788년 영국인이 처음 호주 대륙에 정착하러 들어왔을 때 시드니 주변에만 100만 명이 넘는 원주민이 살았던 것으로 추정된다. 하지만 100년 후인 1888년에 원주민 인구는 고작 6만 명에 불과했다. 호주는 1967년까지 공식적인 인구조사에 원주민을 포함하지 않았기 때문에 이 땅에 정확히 몇 명의 원주민이 거주했는지는 확실치 않다.

초창기 호주에 도착한 영국인과 유럽인들은 이미 그곳에 살고 있던 원주민을 무시하고 호주 대륙을 '주인 없는 땅(Terra Nullius)'이라고 선포했다. 이렇게 함으로써 원래 땅 주인과의 어떤 법적 계약도 없이 누구나 원하는 만큼 땅을 차지할 수 있

'애버리지니'라고 불리는 호주 원주민의 모습.

었다. 존 필거가 『비밀의 나라ᴬ ˢᵉᶜʳᵉᵗ ᶜᵒᵘⁿᵗʳʸ』라는 책에서 서술했듯이 당시 원주민은 인간이라기보다 이 땅에 분포하는 동물 중 하나로 인식되었다.

2006년 통계에 의하면 오늘날 호주에 살고 있는 원주민 수는 51만 7200명이다. 이는 호주 총인구의 2.5퍼센트에 해당한다. 2021년까지는 70만 명으로 더 늘어나리라 예상되는데, 현대에 들어 원주민에 대한 처우 개선과 높은 출산율, 사회적 수

### 없는 사람 Persona Non Grata

아주 오랫동안 호주 원주민은 '없는 사람' 취급을 받았다. 1963년에 호주는 영국과 협정을 맺어 일부 지역에서 핵 실험을 허용했다. 이 실험이 진행되는 동안 해당 지역을 위험구역으로 분류해 사람의 출입을 금지했는데, 그 기간에도 해당 지역에는 원주민 가족들이 살고 있었고 호주 당국도 이 사실을 알고 있었던 것으로 밝혀졌다.

용 등이 인구증가의 원인으로 손꼽힌다.

## 잔인한 과거

호주인의 정착 초기에 원주민의 희생이 많았던 것은 무엇보다 유럽에서 함께 들어온 질병들 때문이었던 것으로 보인다. 즉, 독감과 천연두, 성병 등에 면역력이 없던 원주민들이 속수무책으로 목숨을 잃었다. 하지만 그보다 더 끔찍한 역사는 이 새로운 인간 침입자들이 원주민을 짐승처럼 다루고 학살을 일삼았다는 사실이다. 발달한 사냥 무기를 가지고 이 땅에 들어온 백인들은 원주민을 마치 동물처럼 사냥했는데, 심한 경우 잡힌 사람들에게 광견병 주사를 맞히기도 했다. 또한 원주민 여성과 아이들을 무참하게 강간했으며 그들의 문화를 무시하고 끝내 말살했다.

물론 현대 호주인은 이런 잔인한 과거에 대해 깊은 수치심을 느낀다. 하지만 '백호주의'의 그늘이 채 사라지지 않은 호주 백인 사회에서는 여전히 부당한 대우를 받는 원주민이 존재하고 곳곳에서 공공연한 차별이 일어난다. 특히 보수적인 시골 마을에서는 상점과 음식점들이 원주민에게는 물건이나 음식을 팔기를 거부하기도 하며, 간혹 원주민이 경찰 조사를

### 마이올크릭 대학살

1838년 뉴사우스웨일스 주에 있는 마이올크릭에서 수많은 원주민이 백인 정착민의 손에 의해 잔인하게 살해당한 사건이 발생했다. 여자와 아이들, 노인을 포함해 지은 죄도, 자신을 보호할 힘도 없는 원주민을 무자비하게 살상한 이 사건으로 11명의 백인이 고소당했고 그중 7명이 교수형에 처해졌다.

받다가 숨지는 사건도 발생한다. 현대에 들어서 원주민 자살이 갈수록 늘어나고 있는 것도 호주가 해결해야 할 사회적 문제점 중 하나이다.

### 혼혈아를 위한 동화 정책?

20세기 초반까지만 해도 호주 원주민이 기대할 수 있는 삶이란 원주민 보호구역으로 쫓겨나거나 아니면 백인이 운영하는 농장에서 가축을 돌보는 등 허드렛일을 하며 사는 것이었다. 원주민은 술을 마시거나 백인과 결혼할 수 없었고 총기를 소지할 수도 없었다(원주민에게는 인종을 뛰어넘는 사랑이 허락되지 않았지만 백인들은 원주민 여성을 마음대로 강간했다).

1930년대에서 60년대까지 호주는 백인과 원주민 사이에서 태어난 혼혈인을 대상으로 한 동화 정책을 시행했다. 혼혈 아이들을 백인 사회의 일원으로 받아들인다는 명목을 앞세워 원

노던 테리토리의 작은 마을에 세워진 원주민 엄마와 아이의 조형물

주민 부모에게서 떼어놓았는데, 사실상 이렇게 분리된 아이들은 대부분 백인 가정에서 집안일이나 돕는 하인으로 전락하고 말았다.

이 정책의 실제 목적은 백인의 피가 한 방울이라도 섞인 아이들을 제외한 순수 혈통의 원주민을 그들 영역에서만 평화롭게 살다 죽게 함으로써 장기적으로 호주인에게서 원주민 유전자를 제거하려는 것이었다. 당시 호주 사람들은 이 방법이 원주민 문제를 해결하는 가장 '친절한' 길이라고 생각했다. 이 시기에 강제로 부모와 떨어진 원주민 후손들을 가리켜 '도둑맞은 세대'라고 하며, 이들 중에는 아직도 부모와 가족을 찾고 있는 사람이 있다. 이들에 관한 슬프고도 감동적인 이야기는 혼혈 원주민 출신의 심리학자이자 작가인 샐리 모건의 책『나의 공간My Place』에 잘 묘사되어 있다.

## 오늘날의 원주민

오늘날 호주의 인종 정책은 고프 휘틀럼 총리가 이끄는 호주노동당 정부에 의해 1972년에 제정되었다. 이때부터 원주민들은 스스로 자유로운 의사결정을 할 수 있는 권리를 부여받았다. 이제 원주민들은 본인이 원한다면 점진적인 동화 과정을 통해 현대 호주 사회의 일원으로 살아갈 수 있다. 또한 그들의 뿌리를 지키고 고유한 문화를 유지할 수 있도록 정부에서 공식적인 지원도 해준다.

하지만 통합은 말처럼 쉽지 않다. '최초의 호주인'들은 그 이후의 현대적 호주인과는 확실히 다른 생활 습성과 문화를 지니고 있기 때문이다. 예를 들어 호주 원주민은 아무런 예고 없이 훌쩍 여행을 떠나는 떠돌이 습성을 천성적으로 몸에 지니고 태어났다. 한 번 떠나면 며칠, 몇 주, 때로는 몇 달씩 여기저기를 떠돌아다닌 후에 돌아온다. 현대 사회에서 원주민과 섞여 일하는 백인들은 이런 습성이 무책임하다고 생각한다.

원주민은 물건에 대한 집착도 없다. 예부터 그들 문화에서는 소유와 사유재산의 개념이 없었기 때문이다. 따라서 가진 것을 남과 공유하는 것에 익숙한데, 다른 사람도 똑같을 것이라 생각해서 종종 남의 물건을 함부로 다룬다는 오해를 산다. 원주민들은 또 사방이 막힌 공간에 있으면 폐쇄공포증을 느낀다고 한다. 예부터 지구에서 가장 넓은 대지 중 하나에서 마음껏 배회하던 습성이 뼛속 깊이 배어 있기 때문일까? 이런 원주민들에게 감옥은 그야말로 지옥이다. 실제로 감옥에서 버티지 못하고 자살하는 원주민이 종종 있다.

## 문화

원주민 문화의 맨 밑바닥에는 땅과 동식물을 포함한 자연에 대한 깊은 애착이 깔려 있다. 정신적인 부분을 굉장히 중요하게 생각하는 이들은 다양한 의식을 치르기도 한다. 전통적인 원주민 사회는 부족과 대가족을 중심으로 이루어지고 노래와 이야기를 통해 그들만의 문화와 지식을 전파, 계승해왔다. 잘못을 저지르면 부족 어른들이 죄의 무거움을 판단해 처벌 수위를 결정한다. 아이가 어른이 되는 것을 기리는 성인식은 격식을 갖춰 진행하며, 대개의 원주민 문화가 그렇듯 고통을 참아내는 과정을 포함한다.

백인들이 호주로 이주해오기 전까지 원주민들은 250개의 각기 다른 언어와 500개의 방언을 사용했던 것으로 추정된다. 물론 지금은 절반 이상이 사라졌지만 원주민 언어는 백인들에

노던 테리토리 카카두 국립공원에 있는 노우랜지 록에서 발견된 원주민 벽화.

게도 영향을 끼쳐 빌라봉('물웅덩이'를 뜻함. 호주 북동부의 작은 항구도시 타운즈빌에 있는 야생환경보호구역의 이름이기도 하다. -역주)과 캥거루 같은 단어를 그대로 이어받아 쓰고 있다.

전통적으로 원주민들은 자신의 몸이나 동굴, 바위, 나무껍질의 뒷면 등 어디나 할 것 없이 그림을 그려 기록을 남겼다. 오늘날 원주민 후손 예술가들은 과거와 비슷한 양식의 그림을 수채화나 유화 같은 현대적 기법으로 캔버스에 재현해 세계적으로 각광받고 있다. 특히 점으로 찍어 만든 모자이크 그림과 동물의 뼈와 장기까지 묘사하는 엑스레이 스타일의 그림은 굉장히 유명하고 가치도 뛰어나다. 완성도가 높은 작품은 아주 비싼 값에 거래되며 유명 갤러리에서 전시하기도 한다.

원주민 문화에서 큰 부분을 차지하는 춤과 음악은 현대 서양 문화와 만나 흥미롭게 재해석되고 있다. 여러 원주민 음악가들이 팝이나 컨트리음악과 같은 장르에 도전해 재능을 인정받았으며, 전문적인 원주민 무용단이 전국 곳곳을 순회하며 그들의 전통 춤을 알리는 공연을 하고 있다. 한편 원주민 사회는 매년 9월과 10월 사이에 '원주민 오스카'를 개최해 다양한 분야에서 두각을 나타낸 원주민 예술가를 선정하고 격려와 축하를 보낸다.

# 4

# 호주 사회
# 들여다보기

민주주의란 사람들을 대신하는
정부나 선거권을 의미하는 것이 아니다.
민주주의는 사람들이 머릿속에 지닌
태도이다. 민주주의는 평등에 대한 믿음이다.
우리 모두가 동등한 사람이라는
신념에서 비롯되는 것이다.

−호주의 수필가, 월터 머독 경

## 기본 구조

외국인들은 호주가 아주 오랫동안 각각 자치권을 가진 식민지들의 연합이었다는 사실을 잘 알지 못한다. 영국 전통에 따라 입헌군주제를 따르고 있는 호주는 오늘날 연방정부를 중심으로 운영되기는 하지만 주마다 오래된 고유 영역을 존중하는 독특한 정부 시스템을 갖추고 있다.

광활한 호주 대륙은 총 6개 주와 2개의 특별자치구로 나누어져 있는데 각 주와 주도의 명칭은 다음과 같다. 서쪽에서부터 웨스턴오스트레일리아(퍼스), 노던 테리토리(다윈), 사우스오스트레일리아(애들레이드), 퀸즐랜드(브리즈번), 뉴사우스웨일스(시드니), 오스트레일리아 수도특구(연방정부가 있다. 주도이자 수도는 캔버라), 빅토리아(멜버른) 그리고 태즈메이니아(호바트)가 있다.

### 헛리버 공국

1970년 웨스턴오스트레일리아에 살던 농부 레오나드 캐슬리는 밀 생산량을 둘러싼 논쟁 끝에 주로부터의 독립을 선언했다. 그는 75제곱킬로미터에 달하는 자신의 농장을 '헛리버 공국'이라 명명하고 자신을 레오나드 왕자로, 부인을 셜리 공주로 임명했다. 당시 헛리버 공국의 인구는 20명에 불과했지만 자체적으로 여권과 화폐를 발행하면서 매년 수천 명의 여행객이 다녀가는 관광명소가 되었다. 호주 연방정부도, 웨스턴오스트레일리아 주정부도 약삭빠른 아마추어 변호사였던 레오나드 왕자를 막지 못했다. 호주에는 이 외에도 자신만의 나라를 세운 사람이 20명 가까이 되는 것으로 알려졌다.

## 정부 조직과 의회

호주의 정부 조직은 의회민주주의를 바탕으로 행정부와 입법부가 분리돼 있으며 영국보다는 미국적인 색깔이 강하다. 실제로 연방제를 도입한 19세기에 미국 연방정부를 모델로 청사진을 그렸다고 알려졌다. 국회는 상원과 하원으로 나뉜 양원제이며 3년에 한 번씩 치르는 총선거로 하원의원을 뽑는다. 하원의 정당 비례를 통해 행정부를 구성하기 때문에 하원이 상급 기관인 상원보다 실질적인 힘을 가졌다고 할 수 있다. 상원은 하원을 관리 감독하는 역할을 하며 각종 법률안을 포함해 하원에서 올라온 상정안을 거부하거나 개정할 권한이 있다. 상원의원의 임기는 대부분 6년이다.

호주의 연방헌법은 1901년에 제정되었고 국민투표를 통해서만 수정할 수 있다. 미국과 달리 시민권과 인권을 보장하지 않으며 주로 중앙정부의 역할 및 주정부와의 관계에 대해 설명하고 있다는 점은 특이하다. 투표권에 대한 언급도, 정부와 내각의 구조에 대한 명확한 설명도 없다. 하지만 수년에 걸쳐 연방총독의 폭넓은 권한을 제한하는 협약을 추가해왔다.

호주인 대부분은 지금의 정부 시스템에 만족하는 편이다.

### 거대정부

호주 연방정부는 수도인 캔버라에 있다. 캔버라가 속해 있는 오스트레일리아 수도특구(Australian Capital Territory, ACT)는 1911년 연방정부의 행정기관을 배치하기 위해 계획적으로 설계되었다. 일각에서는 호주 정부의 몸집이 필요 이상으로 크다고 지적한다. 2008년 기준으로 연방정부와 주정부, 지방정부에서 일하는 공무원의 수는 170만 명으로 호주 전체 노동인구의 16퍼센트에 달했다.

종종 공화국으로의 전환에 관한 열띤 토론이 벌어지기는 하지
만 이미 잘 돌아가고 있는 시스템을 굳이 바꿀 필요가 있느냐
는 의견이 우세하다. 형식적으로 여전히 영국 자치령인 호주
는 영국의 엘리자베스 2세 여왕이 국가원수이다. 여왕이 총리

캔버라에 있는 구 국회의사당 앞의 상징물.
캥거루와 애뮤가 국권을 수호하고 있는 모양새다.

새 국회의사당 건물.

의 추천을 받아 임명한 연방총독이 의회에서 그 역할을 대신한다. 총독은 의회에서 입법한 사안의 승인을 거부할 권리가 있으며 의회를 소집하거나 해산할 수 있다. 총리 해임 권한도 있으며 군대 총사령관을 겸한다. 판사 임명권 역시 총독에게 있다. 내각에서 결정되는 주요 사안과 관련해 총독에게 자문하는 행정위원회가 있다.

한편 호주의 각 주정부도 연방정부와 비슷하게 구성되며 주마다 여왕의 역할을 대신할 주총독을 뽑는다. 지방정부는 주 또는 시의회 단위로 운영되고 있다.


## 투표와 민주주의

호주의 민주주의는 1854년에 일어난 '유레카 폭동'에서 시작되었다고 보는 시각이 많다. 빅토리아 주 밸러랫 부근에서 일어난 이 폭동은 금을 캐는 광부들이 뭉쳐서 투표권을 요구하고 그 시대의 엄격한 채굴 허가 제도에 반발한 사건이었다. 이 일이 있고 2년 뒤에 사우스오스트레일리아에서 최초로 백인 남성에게 투표권이 주어졌으며, 1859년이 되자 태즈메이니아 섬을 제외한 모든 주의 백인 남성이 투표권을 얻었다.

호주는 세계에서 가장 빨리 여성에게 투표권을 부여한 나라이기도 하다. 1894년 사우스오스트레일리아에서 처음으로 여성이 투표할 수 있는 권리를 부여받았으며 1902년에는 전국으로 확대되었다. 한편, 호주 원주민이 다른 호주인과 동등한 조건에서 투표할 권리를 얻은 것은 비교적 최근인 1984년의 일이다.

오늘날 호주에서는 18세 이상 성인이면 누구나 투표에 참여

할 권리가 있다. 투표는 의무이며 기권하면 벌금을 부과한다. 단, 선거인 명부에서 제외되기를 희망하는 원주민은 투표에 참가하지 않아도 된다. 일각에서는 3년마다 치르는 총선거로 임기가 너무 짧은 탓에 정치인들이 제 할 일을 하지 않고 지지율을 높이는 데만 혈안이 된다고 지적한다. 선거는 최다 득표자 한 명만 뽑아 선출하는 방식이 아닌 후보마다 호감 순위를 매기는 선호투표제를 채택해 소수당에서도 차별이나 불이익 없이 정치에 참여할 수 있도록 했다. 상원의원 투표는 비례대표제를 따르고 있다.


## 언론과 표현의 자유

민주주의 국가에서 언론은 굉장히 중요한 역할을 한다. 호주 언론은 사납고 공격적이기로 유명하며, 호주 사람들은 누구보다도 신문을 즐겨 읽고 텔레비전 뉴스를 잘 챙겨본다. 하지만 불행하게도 국민의 선택권은 제한돼 있다. 특정인 몇몇이 대부분의 언론사를 소유하고 있기 때문에 언론의 색깔이 다양하지 못하다. 이런 점은 올바른 민주주의라고 보기 어렵다.

현재 호주에는 전국에서 발행되는 중앙일간지가 2종 있다. 「더 오스트레일리안」이 대표적이고 「오스트레일리안 파이낸셜 리뷰」도 많이 읽는다. 이밖에 주 일간지는 10종, 지방 일간지는 35종, 각 지역에서 발행되는 신문은 470종이 있다. 잡지도 1600여 종에 달하는데 호주 여성들의 필독서로 꼽히는 「오스트레일리안 우먼스 위클리」가 유명하다. 이를 포함해 판매 30위권의 잡지들은 구독자 수가 8만 명을 넘는다.

방송

2007년 전까지만 해도 호주는 외국인 신분으로 방송사를 소유하는 것을 법으로 금지했고 인쇄매체 소유주가 방송 시장으로 진출하는 것도 제한했다. 하지만 지금은 모든 것이 바뀌었다. 채널 9와 채널 10의 소유권 중 일부를 외국인이 사들였으며 채널 7의 경우 외국인이 공동 소유권을 갖고 있다. 물론 호주 언론사에 대한 외국 자본의 투자는 여전히 민감한 문제로, 해외투자 승인기관과 재무부 장관의 검토 및 승인이 반드시 필요하다.

방송과 라디오 그리고 인터넷 통신과 관련한 규제는 통신미디어청에서 담당하고 있다. 이 기관의 승인을 받아 55개 방송 채널이 운영 중이며 그중 채널 7과 9, 10이 전국방송이다. 공영방송 2개 중에 ABC는 광고를 내보내지 않는 반면 SBS는 광고 수익을 올리고 있다. SBS는 원래 다문화와 다개국어에 초점을 맞춘 공익 채널로 지금도 60개 이상 언어로 방송하고 있다. 최근에는 다문화 주제를 넘어서 생태철학, 동성애 문화까지 프로그램의 폭을 넓혀가고 있다. 한편 원주민 문화를 전문으로 다루는 NIT 방송사가 2007년 정부 지원으로 설립되었는데, 시드니에서 프로그램을 제작해 노던 테리토리의 앨리스스프링스 지역에서만 방송한다.

라디오 방송국은 272개가 있다. 방송국마다 정치, 외교, 일상 이야기 등 다양한 주제를 다뤄 취향에 맞는 선택이 가능하다. 여러 가지 문화가 뒤섞인 호주의 오늘을 반영하듯 68가지 언어로 방송하는 라디오 채널도 있다.

호주 통신미디어청은 자국 프로그램을 보호하기 위해 모든 방송사들이 1년 동안 아침 6시부터 밤 12시 사이에 방영되는 프로그램의 55퍼센트를 호주에서 제작한 프로그램으로 채우도록 규제하고 있다. 이런 노력 덕분에 2004년 미국과 체결한 자유무역협정에도 불구하고 호주 방송업계는 「네이버스」와 같은 인기 프로그램을 만들어 수출까지 하고 있다.

## 인터넷

호주 정부는 방송과 통신, 디지털 경제를 담당하는 부서를 따로 마련했을 정도로 통신 사업에 대한 열의가 강하다. 2020년까지 초고속인터넷 연결 가구 수를 OECD 5위권에 진입시켜 세계적으로 인정받는 디지털 경제 국가를 만들겠다는 목표다. 하지만 아직까지 호주의 통신 인프라는 한참 부족한 실정이다. 호주의 초고속인터넷은 속도가 OECD 기준치에 못 미치며 OECD 가입국 중에서 이용료가 다섯 번째로 비싸다.

## 개인의 자유

민주주의 사회에서 보장하는 언론의 자유란 누구나 자신의 생각을 표현할 권리가 있으며 나와 다른 타인의 생각과 표현도 존중해야 한다는 것이다. 이 말을 증명이라도 하듯, 호주 사람들은 개인의 자유에 대한 의지가 매우 강한 편이며 타인의 자유에 대해서도 유난할 정도의 관대함을 과시한다.

개인의 자유를 보장하는 민주주의 국가에서라면 누구나 동네에 성인용품점을 열 수 있고, 술집에서 속옷 스트립쇼를 펼칠 수 있으며, 길거리에서 연인과 진한 스킨십을 주고받을 수 있다. 물론 (실제로는 나라마다 문화에 따른 제약이 있지만) 이론적으로는 그렇다는 얘기다. 그리고 호주에서는 그 모든 것들이 정말 아무렇지 않게 일어난다. 온 가족이 함께 보는 TV 드라마에서 주인공이 맨살을 드러낸 채 나오기도 하고, 게이 커플이 사랑을 나누는 장면도 버젓이 전파를 탄다. 그뿐 아니라 욕설이 담긴 방송을 '삐' 처리 없이 그대로 보여준다.

몇몇 서양 사회에서처럼 호주는 맨몸을 드러내는 노출과 성적 자유가 완벽하게 보장되는 나라이다. 아시아와 같이 전통적인 가치와 종교를 중요시 여기는 문화권에서 온 사람들은 성적으로 지나치게 관대한 이들의 태도에 당황하게 된다. '개인의 취향 존중'이라는 차원에서 거의 제한 없이 허용되는 성적 표현의 자유는 호주 신문의 구인란만 훑어봐도 금방 그 정도를 알 수 있다. 목욕탕에서, 혹은 하녀복을 입고, 단체나 개인으로, 고무와 가죽 따위를 들고 성행위를 묘사한 적나라한 광고들이 엄청나게 많이 실려 있다. 밤늦은 시간 TV에서도 비슷한 광고를 볼 수 있다. 모든 것을 인터넷으로 해결할 수 있는 요즘 시대에, 그것도 개인이 기성 언론을 통해 이런 광고를 낸다는 것이 놀라울 따름이다.

그렇다고 모든 호주인이 문란한 성생활을 즐기거나 공공장소에서 아무렇지 않게 옷을 벗는 것은 아니다. 보통 사람들은 지나친 광고나 외설적인 장면을 눈앞에서 목격하면 충격을 받거나 문제 삼지 않고 그냥 무시해버린다. 표현은 그의 자유이고 관심이 없으면 안 보면 그만이라는 식이다. 그러므로 호주에서 어떤 충격적인 장면을 목격하더라도 너무 놀라지 말고 그냥 고개를 돌리시라.

호주 사람들은 섹스와 폭력, 검열에 대해 양면적인 감정을 갖고 있다. 사회악이므로 뿌리 뽑아야 한다는 천사의 목소리와, 개인의 자유인데 어떠냐는 악마의 목소리 사이에서 끊임없이 고민하는 듯하다. 하지만 대체로 폭력성이 없는 성적 관

호주는 표현의 자유가 완벽히 보장되는 사회이다.

심과 행동은 인간 본연의 호기심을 정상적으로 표출하는 것일
뿐이라는 의견이 두드러진다.


## 호주인과 친해지는 법

　호주 사람들은 대체로 자신이 터프하고 용감하며 솔직하다
고 생각한다. 민주주의와 자유를 수호하고 우정을 소중히 여
기는 평등주의자라고도 여긴다. 이런 호주인과 자연스럽게 친
해지고 싶다면 무엇보다 있는 그대로의 모습을 보여주는 것이
중요하다. 가식적인 모습은 호주인이 끔찍하게 싫어하는 것
중 하나이다.

　몇 가지 조건이 더 있다. 대화를 즐기는 호주 사람들과 친해
지려면 영어 능력은 필수이다. 호주 억양을 완벽하게 습득할
필요는 없고 일반적인 영어를 구사할 수 있으면 된다. 술을 좀
할 줄 알면 더욱 효과적이다. 호주 사람들은 맥주를 한두 잔

나누며 우정을 쌓아간다. 대화는 지나치게 지적인 주제를 자제하고 농담을 즐기는 여유로운 태도를 보여주는 것이 좋다.

호주인을 집으로 초대하는 것도 괜찮은 방법이다. 이럴 때 너무 과하게 차려입거나 값비싼 음식을 준비하는 등 자신을 돋보이게 하는 행동은 하지 않는다. 주목을 받기 위해 시끄러운 목소리로 이야기하거나 자기중심으로 대화를 끌고 가는 것도 거부감을 줄 것이다. 호주에 대한 비판이나 부정적 의견은 최대한 드러내지 않는다. 아주 오랫동안 친분을 유지했다거나, 적어도 당신이 영주권을 취득하기 전까지는 말이다. 아니, 그런 후에라도 그런 주제는 되도록 피하는 편이 현명하다.

## 남자와 여자

텔레비전에서 보는 호주 남자들은 대부분 여자의 뜻을 존중하고 남녀 간 평등을 주장한다. 이 때문에 TV를 통해 호주를 만난 사람들은 아마도 대단한 남녀평등 국가라고 생각할 것이다. 한편, 현지에 와서 가정폭력의 위험성을 경고하는 공익광고가 길거리에 깔려 있다시피 한 것을 보면 어디선가 매일 남편에게 매 맞는 아내가 있을 것 같다는 불안감이 든다. TV 다큐멘터리의 상당수도 폭력과 강간, 근친상간과 같이 여자와 아이들에게 행해지는 끔찍한 범죄를 다룬다. 그 수가 놀라울 정도로 많아서 과연 호주에서 이런 범죄들이 얼마나 자주 일어나는지 걱정과 우려가 생길 것이다.

하지만 크게 걱정하지 않아도 된다. 과거만 해도 이런 끔찍한 범죄들이 종종 일어났지만 이제는 거의 일어나지 않는다. 공익광고와 TV 다큐멘터리는 다시는 그런 일들이 발생하지 않도록 예방하는 주사 정도로 생각하면 된다. 비록 폭력적인 형태의 학대는 줄어들었지만 호주 남성들은 아직도 여성에 대한 올바른 인식이 부족한 듯하다. 자기관리를 잘해야 하는 정치인들조차 말이나 행동으로 여성 동료를 희롱하거나 술에 취한 채 부적절한 언행을 일삼아 입방아에 오르는 것을 종종 볼 수 있다.

## 남자들 사이의 우정

호주 남자들 사이에서 우정은 정말 각별하다. 남성이라면 호주에 와서 제일 많이 듣는 말이 친구를 의미하는 'mate'라는 단어일 것이다. 남자들은 낯선 사람이든 오랜 친구이든 상관없이 모든 인사말과 대화의 처음과 끝에 'mate'을 붙인다. 하지만 'mate'라고 불렸다고 해서 그와 당신이 친구가 되었다고 생각하면 오산이다. 이는 단지 반가움과 친절함을 나타내는 표현일 뿐 그 이상의 의미는 없다.

호주에서 우정이란 한마디로 표현하기 어려울 정도로 심오하다. 보통은 남자들 사이에서 형성되는 미묘한 형제애를 바탕으로, 특히 어려운 상황에 맞서 함께 싸우거나 일한 경험을 통해 형성된다. 대개 이 개념은 남자들 사이에서만 공유하며 여자와는 함께 나눌 수 없는 감정이라고 여긴다. 남녀 구별이 뚜렷했던 예부터 남자다움이나 강인함, 우정은 여성과는 전혀 관계없는 것으로 취급되었다. 일부러 여성을 무시하고 차별했다기보다는 처음부터 섞일 수 없는 존재라고 생각했다는 게 맞을 것이다.

오늘날 호주 남성들을 끈끈한 우정으로 엮어주는 어려운 상황이 무엇인지는 정확하지 않다. 거친 자연과 제멋대로인 날씨는 더 이상 걸림돌이 되지 않는다. 일각에서는 현대 남성들

을 똘똘 뭉치게 하는 공공의 적
이 여성, 특히 부인이라고 지적
한다. 이 외에도 가정을 이루고
책임져야 하는 가장으로서의 부
담과 스트레스가 공감대 형성에
중요한 요소로 보인다.

> "우정을 나누는 친구는 꼭 남자여야 한다. 여자는 나의 아가씨가 되거나 작은 새가 되어줄 수 있다. 소중한 연인이거나 아내가 될 수도 있다. 하지만 여자는 절대 내 '친구'가 될 수는 없다." —도널드 맥린(1960)

심지어 남자들의 우정은 어떤 도덕적 가치보다도 중요하게
여겨진다. 예컨대 누군가 마약을 사고파는 친구를 경찰에 신
고했다고 하면, 마약상 친구의 죄보다 친구를 배신하고 경찰
에 밀고한 죄가 더 크다고 간주될 것이다. 사업이나 정치를 할
때도 우정은 큰 역할을 한다. 때에 따라 안 되는 일도 되게 하
는 것이 바로 호주 남성들의 우정이다. 그런 만큼 '친구를 도
와주다가' 부패로 이어지는 경우도 허다하다.

## 남자의 남자

호주 남성들은 남자들끼리 손을 잡는 일을 이성을 잃을 정
도로 싫어한다. 마초 성향이 강한 사람들은 남성 동성애자를
'계집애 같은 놈(poofters)'이나 '괴상한 놈들(queers)'이라고 부
르며 극도의 혐오감을 표현한다. 물론 동부 대도시에서는 이
런 주류 문화에 반대하는 강력한 동성애자 문화가 자리 잡고
있다. 하지만 호주의 대부분 남성들은 동성애자와의 만남을
되도록 피하거나 존재 자체를 부인하려는 경향이 있다.

로버트 휴즈는 호주의 식민지 시대를 다룬 책『죽음의 해안
The Fatal Shore』을 통해 오늘날 동성애에 대한 완강한 거부감이 초
기 죄수들의 문화에서 비롯되었다고 주장했다. 죄수들을 가둬
둔 감옥에서 동성애가 거칠고 폭력적으로 행해졌기 때문에 부

정적인 인식이 깊숙이 박혔다는 설명이다.

호주 남성들은 자칫 여성스러워 보일지 모른다는 두려움 때문에 감정 표현도 잘 하지 않는 편이다. 하지만 밥 호크 전 총리의 경우, 공식석상에서 눈물을 보여 '우는 남자는 여성스럽다'는 편견을 깨기도 했다. 그의 눈물이 남성 투표자들에게 어떤 효과를 가져왔는지는 확실치 않으나 많은 여성 지지자는 그의 눈물을 용기로 받아들이고 박수를 보내주었다. 최근 들어서는 새로운 남성상을 제시하는 젊은 세대들 덕분에 이런 두려움도 많이 개선되고 있다.

한편, 신체적 접촉을 통해 상대방과 다정한 인사를 나누는 것이 관습인 중동이나 아시아 일부 지역 사람들은 불필요한 오해를 불러일으키지 않도록 주의하는 것이 좋다. 남자끼리 손을 잡거나 껴안는 행동은 호주 사회에서 흔치 않은 일이며 동성애자로 오해받을 소지가 있다. 또한 아이들에 대한 지나친 애정 표현도 위험하다. 호주 사람들은 소아성애자에 대해서도 굉장히 민감하므로, 선생님이라면 교실 문을 활짝 열고 수업하는 등 애초에 의심의 싹을 없애는 것이 좋다.

### 시드니의 또 다른 모습

거칠고 강한 마초 스타일의 남성상을 지향하는 호주이지만 아이러니하게도 시드니는 세계에서도 손꼽히는 동성애자들의 천국이다. 1978년부터 매년 개최하고 있는 '시드니 마디그라 축제'는 세계 최대의 게이 레즈비언 행사로 유명한데, 이 날을 즐기기 위해 전 세계에서 찾아오는 엄청난 관광객 덕분에 호주에서 가장 높은 수익을 올리는 행사로 자리 잡았다. 2012년 퍼레이드에는 총 9000여 명이 참가했고 구경 인파는 30만 명에 달했다. 반짝이는 의상과 화려한 깃털로 장식한 여장 남자에서부터 게이들의 우상인 여가수 카일리 미노그까지 다양한 볼거리와 동성애자의 권리에 대한 사회적 메시지를 전달했다.

## 동성 커플의 권리

평범한 남성들의 부정적인 시각과는 반대로, 호주 정부는 동성애에 대해 굉장히 개방적인 자세를 취하고 있다. 동성 간 결혼이 합법화되지는 않았지만 2008년 11월에 통과된 새 법안에 따라 동성커플은 세금과 사회보장제도, 연금, 보험, 자녀 양육에 이르기까지 다양한 복지 분야에서 이성 커플과 동등한 권리를 누리게 되었다. 동성애에 대한 호주 정부의 태도는 명확하다. 호주 법무부 웹사이트에서는 '모든 사람은 성적 취향과 관계없이 사회에서 보장하는 존중과 품위, 기회를 누릴 권리가 있으며 이를 법으로 보호 받을 자격이 있다.'고 명시하고 있다.

## 호주 사회에서의 여성

호주 사회는 뜻밖에도 인종 간 차별보다 남녀차별이 더 두드러진다. 아직도 개인의 성별에 따라 사회 안에서의 역할이 결정되는 경우가 많다. 하지만 경기 침체와 실업률 증가 등의 어려움을 겪으면서 호주에서도 남녀 간 역할이 바뀌거나 겹치는 경우가 많아졌다. 집안일을 도맡아 하던 여성들이 점점 파트타임이나 풀타임으로 직업 전선에 나섰고 젊은 세대를 중심으로 맞벌이 가정도 늘고 있다. 심지어 여성을 대신해 집에서 가사를 돌보며 전업주부로 살겠다는 남성의 숫자도 예전보다 훨씬 늘었다. 하지만 모든 남성이 이런 변화를 달갑게 여기는 것은 아니다.

남녀 구분이 뚜렷한 호주에서는 지금도 파티에서 남자와 여자가 따로 그룹을 지어 어울린다. 이런 편 가르기는 누가 시키지 않아도 자연스럽게 이루어지는데, 만약 보이지 않는 벽을 넘어 다른 성별의 그룹에 끼고자 한다면 그들이 즐기는 대화 소재를 미리 알고 습득해 가는 것이 좋다. 남자들의 주된 화제 는 호주 축구와 크리켓 같은 스포츠 얘기 혹은 정치와 섹스 등 이며, 여자들은 요리나 육아에 관한 이야기를 주로 나눈다.

## 식민지 시대의 여성

호주 여성들의 삶을 관찰해온 앤 서머즈는 『빌어먹을 창녀 들과 하나님의 수호자 Damned Whores and God's Police』라는 책에서 식민 지 경험을 통해 호주 여성은 전형적인 두 가지 편견 속에 갇혀 버렸다고 주장했다. 하나는 남성의 성적 욕구를 채워주는 매 춘부 이미지이고, 다른 하나는 공공 도덕을 옹호하는 하나님 의 수호자 이미지이다.

호주 땅에 처음 발을 디딘 여성들이 원래 직업적인 매춘부 였는지는 정확하지 않다. 하지만 1788년에서 1852년 사이 호 주에 정착한 2만 4000여 명의 여성들 대부분은 길거리에서 몸 을 팔아 생계를 유지할 수밖에 없었다. 매춘부의 삶을 거부하 더라도 항시 강간의 위험에 노출되었다. 여성 죄수들은 한껏 이용당하고 폭행당한 뒤에 노예나 소지품처럼 이리저리 팔려 다녔다(그들이 영국에서 저지른 범죄라고는 고작 단순절도에 불과했 다). 초기 식민지 시대의 여성은 원주민 여성만큼이나 잔인한 운명을 감내해야 했다.

호주에서 남성과 여성의 관계는 바로 이렇게 시작되었다. 어떤 이들은 과거에 여성에게 행해진 잔인한 폭력의 역사가 오늘날의 차별적인 남녀관계에 커다란 영향을 끼쳤다고 진단 한다. 호주는 가정폭력을 상당히 심각한 범죄로 간주해 피해

호주의 자연경관을 대표하는 명소,
에어즈락.

높이 2미터에 달하는 석회암 기둥들이 수천 개나 솟아 장관을 이루는 피너클 사막.

거리축제에서 전통 춤을 선보이고 있는 호주 원주민들(좌)과 노던 테리토리의 암벽에 새겨진 그림. 호주 원주민 고유의 문화는 오늘날 호주의 문화와 언어에 깊은 영향을 끼쳤다.

한국인에게 '미사 거리'라는 애
칭으로 더 잘 알려진 멜버른의
유명한 그라피티 골목.

호주에서도 보기 드문 희귀종인
붉은꼬리검정관앵무

자와 가해자에 대한 상세한 기록을 남기는데, 2005년 조사에 따르면 130만 명에 달하는 18세 이상 여성이 15세 때부터 배우자나 남자친구로부터 성폭행을 당한 것으로 나타났다. 원주민 여성의 경우 그보다 3배나 많고 훨씬 심각한 수준의 폭력에 노출돼 있다. 또 2007년 호주 정부가 발표한 보고서에 따르면 빅토리아 주에서 45세 이하 여성이 사망 또는 질병이나 장애를 얻게 된 가장 큰 이유가 가정폭력이었다. 가정폭력으로 인한 기업의 피해손실액도 1년에 5억 호주달러(약 4580억 원)로 추정된다.

## 청교도주의 대 이교도

아이러니하게도 식민지 시대 여성이 겪어야 했던 잔인한 역사는 호주에 청교도주의를 뿌리 내리게 하는 데 역할을 했다. 오랫동안 여성의 덕목은 집안일과 아이들을 잘 돌보는 것이었다. 섹스는 금기의 주제였고 모든 주에서 여성 예술가들이 만든 작품은 검열을 당했다. 이런 관행은 주요 도시를 제외한 호주 대부분 지역에서 지금까지도 이어져오고 있다. 1970년대까지도 학교에서는 성교육을 하지 않았고 지금도 성교육 수업이 없는 학교가 있다.

겉으로만 관대하고 가끔은 노골적으로 이교도를 배척하는 호주 사회는 이 나라를 방문한 사람들이 보기에 아직도 청교도주의라는 낡은 전통에서 완전히 벗어나지 못했다. 이는 비슷한 개척 역사를 갖고 있는 미국도 마찬가지이다. 한편, 금욕적인 가치를 중시하는 천주교회의 가르침이 아일랜드 태생 이민자를 비롯한 기독교인들 사이에서 이어져왔는데 그 영향으로 많은 호주인이 지금도 술을 즐겨 하지 않고 일요일에는 교회를 나가는 등 건전한 삶을 살고 있다. (참고로, 호주에서는 현재 전체 인구의 64퍼센트 정도가 가톨릭, 영국성공회, 그리스도교를 포함한 기독교 신자이며, 실제로 교회에 다니는 사람 수는 그보다 훨씬 적다.)

## 여성 평등

호주에서는 대체로 남녀 사이에 딱딱한 긴장감이 흐르지만 예외도 있다. 특히 대도시를 주변으로 남녀평등을 주장하는 움직임이 느려도 꾸준하게 일어나고 있다. 1984년에 통과된 성차별금지법은 호주 내에서 성으로 인한 어떤 차별도 금지한다. 호주는 정부 기관 중에 '성차별위원회'를 둔 몇 안 되는 나라 중 하나이기도 하다.

호주 여성들은 영국보다도 빠른 19세기 초반에 투표권을 얻었고, 1921년에 최초의 여성 정치인인 에디스 코완이 웨스턴 오스트레일리아 주에서 당선되었다. 1970년대에는 여성에게 동등한 기회를 제공하는 법률을 포함한 다양한 개혁 정책이 시행되었으며, 1974년에는 여성 최저임금이 보장되었다. 이즈음에 호주 출신 작가 저메인 그리어가 발표한 소설 『거세당한 여자The Female Eunuch』(1971)가 전 세계에 페미니스트 바람을 일으켰다. 1980년대에 와서는 각 대학과 전문대, 중고등학교에서

### 똑같은 일에 똑같은 임금을 지급하라

제2차 세계대전이 한창일 때 남성들로만 이루어진 호주의 노동조합은 상대적으로 값이 싼 여성 노동력을 두려워하며 동일 임금에 대한 결정을 미뤘다. 1972년, 성별과 관계없이 동일한 가치의 노동에 동일한 임금을 지불해야 한다는 원칙이 승인되었지만 여전히 호주 여성들은 평균적으로 남성보다 18퍼센트 낮은 임금을 받고 있다.

전형적인 호주 여성상. 남성들만큼이나 강인하고 자유로운 이미지를 풍긴다.

도 여성학 강좌가 우후죽순으로 생겨나 여성 인권에 관한 활발한 논의가 이루어졌으며, 영화부터 연극까지 다양한 장르의 페미니즘 예술이 전성기를 맞았다.

호주는 분명 지나간 역사를 바로잡으려는 노력을 기울이고 있다. 2011년에 개정된 성차별금지법은 고용인이 임신이나 출산휴가, 모유 수유 등을 이유로 여성 근로자를 해고하지 못하도록 하고 성희롱에 관한 법률 역시 강화했다.

## 현실 그리고 상상 속 장애물

여성을 보호하기 위해 만든 법률이 오히려 여성의 발목을 잡은 경우도 있었다. 예컨대 여성의 신체적 한계를 고려해 들 수 있는 무게를 제한한 것이 남성과 동등한 고용 기회를 누리지 못하도록 막았다. 많은 것이 기계화된 지금은 그럴 일도 별로 없지만, 이런저런 이유로 호주에서는 여성이 수많은 전문 직종에 도전하지 못하고 있다. 1960년대 중반까지만 해도 여성은 판사로 임명되지 못했다.

최근까지만 해도 결혼과 출산은 호주 여성들에게 곧 직장 생활의 끝을 의미했다. 1970년대 후반까지 여성은 결혼을 했다는 이유로 대학을 그만두어야 했고, 공무원인 경우 결혼하면 맡을 수 있는 업무가 제한되었다. 결혼한 여교사들도 넘어야 할 산이 많았다. 오늘날 호주에서 결혼 후에도 일하는 여성은 대부분 생계가 곤란한 이민자들로, 전체 여성 노동자의 4분의 1을 차지한다.

거리에는 아직도 남성만 출입할 수 있는 술집이 있다. '여자 출입 금지'라는 팻말이 걸려 있지는 않지만 여성들은 입장한 지 얼마 안 돼 불청객이라는 눈총을 받는다. 이런 대접을 받고 술집을 박차고 나오지 않는 여성은 굉장히 드물다. 여성들 역시 사회가 정해놓은 성의 역할과 이미지에 자발적으로 동조하는 경우도 많다. 호주에서 가장 구독률이 높은 잡지인 「오스트레일리안 우먼스 위클리」에는 주로 영국 왕실의 다이어트 비법이나 남편 또는 남자친구를 사로잡는 법, 푸딩 레시피, 연예인 가십 기사 등 가벼운 주제의 기사들이 실린다. 정치나 사회 문제를 다루는 시사지를 읽거나 논쟁하기를 즐겨하는 여성은 별로 없다.


헤어스타일

거리에서 흔히 보는 호주 여성들은 결코 세련된 헤어스타일이 아니다. 대부분 어깨에 닿을까 말까 한 중간 정도 길이에 머리칼은 한 번도 안 빗은 듯 마구 헝클어진 상태이다. 마치 양치기 개 같은 모습이랄까?

이런 모습으로 다니는 여성들은 꼭 이렇게 말하는 듯하다. "저는 좀 여성스러운 편이에요."(제 머리는 꽤 길고 나름대로 고불고불하잖아요. 안 그래요?) "저는 그렇게 엄격하고 차가운 사람이 아니에요."(자, 제 머리가 얼마나 정리가 안 되어 있는지 한번 보세요.) "제가 별로 부담스럽지 않죠?"(전 그렇게 섹시하게 보이려고 하지 않아요. 그러려면 머리를 더 길러야죠.) 그리고 무엇보다도 이 말을 하는 것 같다. "저는 결코 성공한 사람이 아니에요. 정말로요."

만약 호주 남성의 마음을 사로잡고 싶다면, 저들처럼 머리를 조금 헝클이고 다니는 편이 낫다. 너무 세련되게 멋을 부린 여성을 보면 호주 남자들은 오히려 흥미를 잃고 프로페셔널한 동료 이상으로 생각하지 않을 것이다.

## 롤모델

호주 역사 속에는 본받을 만한 업적을 남긴 여성 롤모델이 여럿 있다. 가장 파워풀한 롤모델로는 19세기와 20세기 초반에 상상하지도 못할 척박한 환경에서 제 삶을 일궈낸 개척자 여성들을 꼽을 수 있다. 역사적으로 '강한 여성'이라는 역할모델을 중요하게 생각하는 호주는 최근에야 이들에 대한 심층적인 연구를 하고 있다.

호주 여성들은 다양한 분야에서 두각을 나타내는데, 특히 예술과 문화 분야에서 뛰어난 재능을 보여준다. 그 반면에 기업에서 임원이나 경영진으로 승진해 일하는 여성은 많지 않다. 정치인 중에서는 1991년에 77세의 나이로 사우스오스트레일리아 주총독을 지낸 로마 미첼 여사를 꼽을 수 있다. 그녀는 호주 역사상 최초라는 타이틀을 여러 번 거머쥐었다. 먼저 사우스오스트레일리아 주총독을 지내며 여성으로는 최초로 영국 여왕의 역할을 대신했고, 1962년에는 최초의 여성 왕실 고문변호사를 지냈으며, 3년 뒤에는 호주 최초의 여성 대법원 판사로 임명되었다. 그녀 외에도 2008년 호주 최초로 여성의 몸으로 연방총독 자리에 오른 쿠엔틴 브라이스를 기억할 만하다.

엔터테인먼트와 패션업계에서는 더 많은 여성이 이름을 떨치고 있다. 가장 대표적으로 배우 니콜 키드먼이 있고 퍼스 출신의 슈퍼모델 젬마 워드도 있다. 세계적으로 유명한 모델 미란다 커 역시 호주 뉴사우스웨일스 출신이다.

스포츠 선수도 빼놓을 수 없다. 1987년에 홀로 세계 요트 일주에 성공한 케이 코티와 가장 어린 나이에(당시 16살이었다) 요트로 세계 일주를 해낸 퀸즐랜드 출신의 제시카 왓슨이 있다. 2000년 시드니올림픽에서 육상 부문 금메달을 따낸 원주민 출신의 캐시 프리먼도 유명하다. 로빈 데이비슨은 앨리스스프링스와 인도양 사이에 있는 2700킬로미터 길이의 사막을 혼자 낙타를 타고 여행한 후 『트랙스 Tracks』(1995)라는 책에 그 기록을 남겼다. 남성들도 해내기 어려운 모험에 도전해 호주 여성도 남성만큼이나 강인하다는 사실을 몸소 증명해 보인 사례다.


## 자유와 민주주의

첫 역사를 사슬에 묶여서 시작한 호주인은 자유에 대한 갈망이 매우 크다. 물론 이는 호주 백인에 해당하는 이야기이다. 원주민이 생각하는 자유는 그 차원이 다르다. 사방을 둘러싼

벽, 사물에 대한 소유조차도 구속으로 여긴 호주 원주민에게 자유란 훨씬 광범위한 개념이었을 것이다. 하지만 호주 백인들도 자연과 자유로움을 향한 원주민들의 신념에 생각보다 큰 영향을 받았다.

1788년과 1868년 사이, 약 16만 명에 달하는 백인 남성과 여성 그리고 아이들이 범죄자로 낙인찍힌 채 영국 땅에서 쫓겨나듯 이 땅에 도착했다(물론 그중에는 자발적 이주자도 있었다). 이 같은 방법으로 국가를 설립한 경우는 호주가 유일하다. 당시에 호주는 달나라처럼 멀고 두려운 것으로 가득한 미지의 세계였을 것이다. 그리고 이들은 최초의 백인 호주인이 되었다. 새로운 나라에서의 삶은 말할 수 없이 야만적이었지만 초반의 어려움을 이겨내자 곧 자유의 몸이 되어 새로운 삶을 개척할 수 있었다. 1788년에 백인들을 싣고 처음 이곳에 당도한 배의 선장, 아서 필립은 호주가 자유의 땅이 되기를 희망해 가능하면 빨리 죄수들을 풀어주고 그들의 불행을 덜어주고자 최선을 다했다.

이후 백인들은 조상이 범죄자였다는 사실을 잊기 위해 많은 노력을 기울였다. 19세기에 호주에서는 '범죄자' 또는 '재소자'라는 단어 사용을 기피하고 '정부가 보낸 사람'이라는 완곡한 표현을 썼다. 최근에는 오히려 그 뿌리를 자랑스럽게 생각하자는 이들도 늘어나고 있다지만, 결코 녹록치 않았던 이들의 역사는 아무리 사소한 것이라도 개인의 자유를 억압하거나 권력을 남용하는 행동을 병적으로 싫어하는 호주인 특유의 문화를 만들었다.

## 사생활 침해

자유에 대한 침해만큼이나 사생활 침해에 민감한 호주에서 남의 신분증을 구경하기란 하늘의 별 따기이다. 상대방의 말을 있는 그대로 믿는 호주인의 특성상 굳이 신분증을 보여주지 않아도 대부분의 일 처리가 가능하기는 하다. 어쩌면 개인 정보를 보호하겠다는 의지를 존중해서 자리 잡힌 문화라고도 볼 수 있다.

1980년대에 호주 정부는 사회복지를 효율적으로 관리하고 세금 오용을 줄이기 위해 '호주 카드'라는 신분증 제도를 도입했다. 하지만 대부분 사람들은 이 신분증이 과거 범죄자에게 주어지던 수감번호와 별반 다를 바 없으며 개인의 자유를 침해한다고 생각했다. 호주에서 가장 중요시되는 자유 중 하나가 바로 '익명으로 남을 수 있는' 자유이자 권리이다. 호주 카드에 대한 반발이 거세지자 정부는 제도를 폐지하기로 했다. 오늘날 호주에서는 사진이 붙어 있는 운전면허증을 신분증 대신 사용하는데, 운전면허증 발급 건수가 신분증 발급 건수의 2배 가까이 된다.

호주에서는 또 남에게 너무 많은 질문을 하는 것도 사생활 침해라고 여긴다. 처음 만난 호주인과 빨리 친해지고 싶은 욕심에 꼬치꼬치 질문을 해대는 것은 결코 현명하지 못하다. '직업은 무엇입니까?' '결혼은 하셨나요?' '아이들은 몇 명이죠?' '어디에 사세요?' 등등 다른 나라에서는 평범한 질문들이 호주에서는 너무 사적인 것으로 취급된다. 특히 처음 만난 자리에서 저런 질문을 하는 것은 상대방을 불편하게 만들 수 있으니, 되도록 쿨한 태도를 유지하도록 한다.

## 가만히 내버려두세요

때때로 자유는 외로운 특권이다. 잘 만들어진 시스템 아래에서 안전한 삶에 익숙한 사람이라면, 또는 친척이나 정부, 시민운동기구, 이웃 집단, 종교 집단 등 타인의 명령을 받는 것에 익숙한 사람이라면, 호주에 살면서 이런 사회적 틀에 대한 그리움이 매우 커질지 모른다. 사실 많은 사람들이 호주에 와서 갑작스럽게 주어지는 익명성에 당황하곤 한다. 특히 온정적인 정부와 따뜻한 대화를 나누는 대가족 문화에 길들여진 아시아인이 고생을 하는 편이다.

호주 사람들은 대체로 남들이 무슨 일을 하건 신경 쓰지 않고 가만히 내버려둔다. 바로 이런 점 때문에 다른 사람의 방해 없이 하고 싶은 일에 몰두할 수 있다. 이는 물론 누군가 나서서 도와주는 사람이 없다는 뜻이기도 하다. 그래서 호주인이 타인에게 아주 무관심하고 냉정하게 비칠 수도 있지만, 앞서도 말했듯이 먼저 도움을 청한다면 언제나 따뜻한 미소로 화답할 것이다. 서로의 익명성을 존중하는 호주에서는 먼저 나서서 말하거나 요구하지 않으면 결코 원하는 것을 얻을 수 없다.

## 좋은 의미의 방치?

'가만 내버려두세요'라는 태도가 적용되는 또 다른 분야는 가족과 육아 문제이다. 호주 청소년들은 다른 나라 청소년들에 비하면 굉장히 자유롭고 규율에서 벗어나 생활하는 편이다. 유럽인과 아시아인의 눈에 이런 점은 때로 못마땅해 보이기도 할 것이다.

권력이나 지배하는 것을 좋아하지 않는 호주인의 특성이 여기서도 잘 드러난다. 일반적으로 부모는 권위의 상징인데, 호주인은 스스로 그 역할을 거부한다. 자유로운 육아와 교육 방식은 아이가 창의적이고 활기차며 독립적인 사고방식을 갖고 자라게끔 도와준다. 하지만 도가 지나치면 사고나 범죄로 이어질 가능성도 농후하다. 일례로 웨스턴오스트레일리아의 청소년들은 야밤에 학교에 들어가 방화를 저질렀다. 이는 권위에 대한 반감을 표시하는 전형적인 범죄이다.

경제 침체와 늘어나는 한부모 가정으로 인해 아이를 올바르게 키우기는 더욱 어려워지고 있다. 최근 호주에서 태어난 아이 중 3분의 1은 혼외자녀로, 20년 전보다 2배나 더 늘어났다 (젊은 커플들이 갈수록 결혼보다 동거를 선호하는 분위기도 반영되었다). 늘어나는 청년 실업률도 고민거리이다. 뚜렷한 직업이 없는 젊은이들은 사회에서 점점 폭력적인 방법으로 에너지를 표출하기 때문이다. 아이들이 거리에서 대부분의 시간을 보내는 것도 염려스러운데, 이는 결코 바람직한 자유라고 할 수 없다.

### 리더는 필요 없어

호주인의 자유는 민주주의와 평등 정신을 바탕으로 한다. 한마디로 '사람 위에 사람 없다'는 생각이 그 근저에 깔려 있다. 호주인 대부분은 정치적 지도자에 대한 비판을 아끼지 않는 편인데, 1991년 당시 총리였던 밥 호크가 TV 인터뷰에서 안전띠를 매지 않고 있는 장면이 전파를 타자 수많은 호주인이 그에게도 일반인과 똑같은 처벌을 내려야 한다면서 공개적으로 비난하고 나섰다. 이에 호크가 경찰에게 다른 시민들처럼 다루어주기를 요청하고 벌금 100달러를 냄으로써 사건은 마무리되었다.

공인에 대한 공개적 비난도 서슴지 않는 호주 사람들이지만 잘못이 시정되면 곧 깔끔하게 잊어버린다. 그들은 정치적 지도자가 가식적이고 오만한 태도를 보이는 것보다 가끔은 자신들처럼 사소한 실수를 범하는 평범한 사람이기를 바란다. 호주인에게 정치인이란 국민의 의견을 반영하고 국민을 대신해 일을 처리하는 그저 나와 똑같은 평범한 사람에 불과하다. 정치인이 해야 할 의무를 저버리고 왕이나 지도자처럼 굴기 시작하는 순간 당장 자리에서 물러나야 마땅하다고 생각한다.

### 호주의 팀워크

자유분방한 육아와 교육 방식에도 불구하고 호주 군대는 세계 최고 수준으로 평가받는다. 엄격한 규율과 혹독한 훈련 그리고 계급사회, 군대에 관한 모든 것이 호주인의 특성에 반하는데 어떻게 훌륭한 군대를 만들 수 있었을까? 해답은 바로 호주인의 팀워크 능력에 있다. 호주인 개개인은 통치하기에 무척 까다로운 사람들이지만 자신이 사랑하고 존경하는 이의 명령에는 복종할 줄 알며, 자기 위에 군림하는 사람보다는 어깨를 나란히 한 동료들과 뛰어난 팀워크를 발휘한다.

### 호주만의 방식

호주 사람들은 조금 별난 방식으로 일한다. 무슨 일을 하든지 직접적이기보다는 돌고 돌아 작업을 마치는 편이다. 일정한 규율이나 패턴을 따르지는 않지만 매우 창조적이고 효과적인 방법을 찾아낸다. 그리고 무엇보다 인간적이다. 이런 업무 방식은 특히 예술이나 불가사의한 과학 현상을 연구하는 작업에 적합하다. 예컨대 양자론 혹은 카오스이론 연구, 컴퓨터 소프트웨어 개발 등이 있다.

## 줄 서세요

호주는 줄을 서는 문화가 굉장히 발달한 나라이다. 아무리 사소한 일이라도 줄을 서서 차례를 기다리는 것이 상식으로 통한다. 신분이나 지위 또는 개인적 친분에 따른 특권은 용납하지 않는다. 물론 이것은 공식적인 윤리가 그렇다는 것이다. 남자들의 유난한 우정에서 보았듯, 실생활에서는 인맥이나 배경이 중요하게 작용하기도 한다. 이를테면 '남에게 피해를 주지 않는 우정'의 발로라고 변명하면서 말이다.

한편 호주에서는 오랫동안 남자가 택시를 탈 때는 앞좌석에 앉는 것이 택시 운전사를 동등하게 대우하는 태도라고 여겨져 왔다. 하지만 최근 들어 택시 기사의 폭행 사건이 잦아지고 호주 문화에 무지한 이민자 택시 기사가 늘어나면서 점차 남자들도 뒷좌석으로 옮겨 앉는 추세이다.

## 무엇이든 받아들일 것

다문화가 공존하는 호주는 사회적 의식도 다른 나라보다 훨씬 다양한 방식으로 치른다. 결혼식의 경우 교회에서 전통 예식으로 치를 수도 있고 공원이나 보트 위에서 자유롭게 할 수도 있다. 동성 커플이라면 성대한 결혼식보다는 약소한 언약식으로 서로에 대한 사랑을 맹세할 가능성이 높다.

상상하는 모든 것이 가능한 나라가 바로 호주이다. 호주인의 다양한 생활 방식에 놀라지 마시라. 호주인은 '대안적 생활'이라는 단어를 쓰지 않을 정도로, 한 가지 생활 방식만을 고수하지 않는다. 전형적인 생활 방식이라는 게 아예 없다고 보면 된다. 게이 커플과 한부모 가정, 엄마가 둘인 레즈비언 부모, 유기농 농장을 운영하는 생활공동체에 놀라서 눈썹을 추켜올리는 호주인은 없다. 혹시라도 딸이나 아들이 그들만의 생활 방식을 고백해도 놀라지 않을 것이다. 이런 가족 단위가 비정상적이고 무책임하다고 비판하는 사람들도 있겠지만, 호주인은 기본적으로 관용을 베풀고 차별하지 않는 것을 중요한 덕목으로 여기기 때문에 어떤 '문제'도 별로 문제 삼지 않는다.

주변에 있는 호주인 중에도 당신과는 다른 생활 방식을 추구하는 이가 있을 것이다. 함께 일하는 비서가 반짝이 의상을 만드는 것을 좋아하고 밤마다 클럽에서 삼바 춤을 추는 동호회 일원일 수도 있다. 똑 부러진 성격의 공무원이 아프리카 춤을 추는 전문 댄서로 활동하고 있을 수도 있다. 무엇보다 어떤 상황에서도 겉모습으로 호주인을 판단하는 것은 금물이다.

# 5
# 호주에서
# 살아보기

호주가 강해지려면 이민을 계속 허용해야 한다.
이미 '백인의 호주'는 사라진 지 오래이다.
우리는 그 자리에 현대적이고 다양한 문화를 가진 사회를 일구었다.
다른 나라 사람들이 호주에 오고 싶어 하니
호주인은 걱정할 것이 없다.
호주 해안가에 이민자의 발걸음이 멈추는 순간,
그 때부터 호주인의 진짜 걱정은 시작된다.

— 루퍼트 머독

## 호주로 이민 가기

호주의 이민 정책은 자주 바뀐다. 특히 선거를 앞두고 있거나 경제가 요동치거나 국제적인 테러가 일어나는 등 주요한 변화를 겪는 시기에 이민 정책도 손질을 가하는 편이다. 다문화 사회를 이룬 다른 나라들이 겪고 있는 문제점을 다각도로 지켜본 호주 정부는 최근 이민을 어느 정도 제한하고 있지만 그동안 호주로 유입된 이민자들은 비교적 수월하게 사회에 정착했다. 경제적 압박과 내수 시장의 작은 규모를 고려한다면

호주 이민 비자는 종류가 워낙 다양하다. 주한 호주 대사관은 배우자 이민, 자녀 이민, 'Other Family' 이민(부모초청 이민 제외) 등의 제한된 비자 신청만 받고 있으며 그 외 다른 비자들은 호주에서만 신청할 수 있다. 호주 이민부 홈페이지(www.immi.gov.au)에 가면 다양한 비자 종류와 필요한 자격요건 등을 검색할 수 있다.

### 호주 이민부

홈페이지 : www.immi.gov.au
주소 : PO Box 25, Belconne, ACT 2616, Australia
전화 : (02) 6264-1111 또는 문의 전화 131 881 (호주 내에서만 가능)
팩스 : (02) 6225-6970

### 주한 호주 대사관

홈페이지 : www.southkorea.embassy.gov.au
주소 : 서울 종로구 종로1가 1번지 교보빌딩 19층
전화 : (02) 2003-0100

호주는 계속해서 이민자를 받아들일 수밖에 없는 실정이다.

이민에 관한 정보는 호주 이민부 홈페이지에서 접할 수 있으나 그야말로 엄청난 양의 정보가 뒤죽박죽 섞여 있으니 원하는 정보를 얻으려면 시간과 인내심을 요한다. 이민부에서 제공하는 책자를 받아보려면 홈페이지에서 신청하거나 앞 페이지의 주소로 연락해 요청하면 된다. 한편, 주한 호주 대사관에서는 비자 및 시민권 취득에 관한 한정된 서비스만을 제공하고 있다.

● 호주 통계청에 의하면 2013년 호주 인구는 39만 6200명이 늘어난 2332만 명이었다. 그중 이민을 통한 증가분은 23만 5800명으로 전체 인구 증가의 60퍼센트를 차지한다. 호주 정부가 이민 정책을 점점 엄격하게 가져간다고 하나 이 땅은 여전히 '이민자의 나라'이다.

### 변화하는 이민 제도

호주의 이민 정책이 얼마나 자주 변하는지를 증명할 예는 무수히 많다. 1990년대 중반에 내가 이민을 신청할 당시에는 50만 호주달러(약 4억 5000만 원) 정도의 자본이 있거나 사업체가 있으면 얼마든지 사업 이민이 가능했다. 또 호주에 일단 정착하면 가족 이민으로 나이 든 부모님을 모셔올 수 있었다. 그 시절에는 호주 국민과 결혼할 예정인 외국인도 쉽게 이민을 허락해주었는데, 합법적인 혼인이 아닌 사실혼 관계만 증명해도 이민이 가능했다.

하지만 이 관대한 정책들은 1991년을 끝으로 사라졌다. 이민자들이 정책을 너무 남용했기 때문이다. 특히 사업 이민의 경우, 호주 입성에 성공한 아시아인들이 자본금을 빼돌려 다른 사람에게 넘겨주는 식으로 편법을 쓰거나 정작 사업에 실패하는 사례가 많았다. 지금은 사업기술과 자본의 유무를 매우 정밀하게 조사하고 있다. 또 자국에서 부모님을 모셔오려면 자녀의 절반 이상이 호주에 정착하고 있어야 한다.

지금의 이민 정책은 2007년 호주노동당의 케빈 러드가 총리 자리에 오르면서 혁신적으로 개정한 안을 바탕으로 하지만 이후로도 세부 조항은 끊임없이 변화를 겪었다. 따라서 당장 이민 짐을 쌀 것이 아니라면 세세한 정보 수집보다는 오늘날 호주 정치권이 이민 제도를 대하는 태도와 입장을 이해하는 편이 도움이 될 것이다. 그 내용은 다음과 같다.

- 호주는 기본적으로 인구가 늘어나는 것을 원치 않는다. 하지만 현재 호주의 노동인구는 노화로 급격히 줄어드는 중이다. 숙련된 기술을 지닌 이민자는 호주의 지속적인 경제 성장에 반드시 필요한 요소이며, 화이트칼라 전문직 외에도 다양한 직종의 기술자가 필요하다. 세계 경제가 지금과 같은 추세를 이어간다면 호주에는 고용 기회가 많겠지만 치열한 경쟁이 예상된다.
- 호주는 유입되는 이민자 수와 종류, 출신, 입국 방식을 통제하고자 한다. 일명 '보트 피플'이라고 알려진 난민 이민자에 관한 이민 절차는 현재 보류 중이다.
- 호주는 이민 절차에서 최대한 많은 수익을 거둬들이기 위해 이민 및 비자 취득에 필요한 비용을 최대로 측정했다. 비자 취득 비용은 종류마다 다르다. 이민 희망자들은 또 영어자격 검정기관인 IELTS(International English Language Testing System) 시험을 치르고 통과해야만 이민 절차를 진행할 수 있는데, 여기에도 별도 비용이 들어간다. 이 외에 의료기록 증명서와 범죄기록 증명서 등을 발급받는 비용이 추가로 발생한다. 따라서 이민 절차를 밟기 전에 목돈 준비가 반드시

필요하다.

- 호주는 새로 정착하는 이주민들이 호주의 가치와 문화를 잘 따라주기를 원한다. 또한 직업에 따라 다르겠지만 어느 정도 검증된 영어 실력을 갖추기를 바란다. 특히 호주 시민권을 취득하고자 하는 사람에게는 그 기준이 더욱 엄격하다. 2007년 이후부터 이민 절차를 밟는 모든 지원자들은 『호주에서의 삶Life in Australia』이라는 책자를 읽고 호주 가치 서약서에 사인해야 한다. 서약서에는 호주의 법과 자유, 민주주의, 남녀평등에 대한 존중과 함께 호주 시민의 의무와 책임이 나열돼 있다.

- 이민자가 호주에 수월하게 정착하기 위해서는 원활한 영어 실력이 반드시 필요하다. IELTS 시험에서 높은 점수를 받아야 이민 승인 가능성이 높아진다.

## 다양한 이민 비자 프로그램

일반적인 이민 비자를 받기 위해서는 이민 자격 기준표에서 최소 65점 이상을 받아야 한다. 하지만 40세에서 49세 사이의 지원자에게 주어지는 점수는 0점이다! 호주의 이민 비자 프로그램은 크게 기술 이민과 가족 이민, 인도주의 이민, 이렇게 세 분류로 나뉘며 성격과 종류에 따라 더 세분화된다. 숙련 기술과 사업에 해당하는 정보를 얻으려면 호주 이민부 홈페이지에서 'Migrants'와 'Workers' 카테고리를 꼼꼼히 모두 둘러보는 것이 좋다.

- **기술 이민**(Skilled Stream): 가족이 없는 사람 또는 호주에 있는 기업으로부터 스폰서십을 받은 사람이 해당된다. 한 가지

특이한 점은 숙련된 기술자를 유입하기 위해, 2012년부터는 이민을 원하는 사람이 보유 기술을 알려주면 해당 기술을 필요로 하는 호주 회사와 연결해주는 서비스를 제공하고 있다.

- **가족 이민**(Family Stream): 이민 신청자의 배우자 또는 파트너, 가족, 자녀가 해당된다.
- **인도주의 이민**(Humanitarian Stream): 난민이 해당된다. 요즘은 난민 이민을 거의 받아들이지 않고 있다.

이 외에도 호주 대학에서 공부하고 있는 유학생들을 위한 유학 비자가 있다. 2007~08년에 호주는 총 195개국에서 온 27만 8184명의 유학생에게 유학 비자를 발급해주었다. 유학 비자는 감소 추세를 보이다가 최근 다시 증가하고 있다. 호주 유학 비자를 가장 많이 발급받는 나라는 중국(20%)과 인도(14.4%)다. 요즘에는 유학생이 공부를 하면서 일도 할 수 있도록 허용하는 비자도 비교적 수월하게 발급해주며, 공부하는 동안 부모나 보호자가 호주에서 체류할 수 있도록 임시 비자를 발급하기도 한다.

### 사업 비자

다른 종류의 비자와 마찬가지로 사업 비자를 발급받으려면 복잡한 절차를 통과해야 한다. 단기 체류 등 선택할 수 있는 옵션도 여러 가지이다. 사람들이 가장 선호하는 유형은 사업 기술 비자Business Skills Visa이다. 호주의 요구조건을 충족시키는 동시에 뛰어난 사업기술을 보유하고 있거나 직접투자를 통해 이민 절차를 밟는 지원자는 우대받을 수 있다. 하지만 비자를 받기 전에 호주 회사를 인수하는 것은 무모한 짓이다. 무엇보다 비자를 먼저 따야 한다. 호주 정부는 투자 중개인을 보증하거나 구매 가능한 기업 정보를 공개하는 등의 행위를 일절 하지 않는다.

사업 비자 신청서는 꼼꼼한 검토를 거치게 된다. 무엇보다 지원자의 사업기술과 재정 상태를 신중하게 고려한다. 이전에 했던 사업이나 보유 기술을 증명해줄 서류를 제출하지 못하면 심사에서 탈락할 수도 있다. 비자 발급이 승인되면 대개 첫 비자는 임시 비자가 나오고 호주에서 2~5년 거주한 후에 영구 비자를 신청할 수 있다. 이때부터 시민권 취득도 가능해진다. 하지만 호주 정부는 호주인 직원 수와 매출량 등을 주기적으로 모니터링하며 사업이 성공적으로 운영되고 있는지를 판단할 것이다. 운이 나쁘면 호주에서 몇 년 간 열심히 일하고도 사업에 실패해 빈털터리로 고국에 돌아갈 수도 있다.

## 시민권 취득

한때는 미소를 머금은 채 인사만 잘해도 이민 절차를 가볍게 통과할 수 있었지만 요즘은 엄격한 기준에 맞춰 까다로운 심사가 이루어진다. 예비 호주 시민권자들이 넘어야 할 가장 큰 산은 시민권 시험이다. 이 시험 제도는 2007년에 처음 도입되어 2009년에 일부 수정을 거쳤다.

시민권 취득 자격을 얻으려면 우선, 적어도 4년 간 호주에 거주하고 이 기간 중에 12개월은 영주권 취득자로서 살아야 한다. 12개월이 넘도록 해외에 체류해서는 안 되며, 특히 시민권 취득 신청을 하기 3개월 전부터는 호주를 벗어나면 안 된다. 비자와 마찬가지로 시민권 취득에도 상당한 비용이 발생한다.

## 시민권 시험 통과하기

시민권 신청에 필요한 조건을 갖췄다면 호주 이민부에 신청서를 제출한 후 시험을 치르면 된다. 호주 정부가 선호하는 기술 이민 비자를 취득한 경우에는 첫 시험에서 합격률이 98.9퍼센트로 상당히 높다. 하지만 첫 시험에 떨어진다고 해도 합격할 때까지 몇 번이고 재도전할 수 있다.

시민권 시험을 보기 전에 이민부 홈페이지에서 다운로드할 수 있는 『호주 시민권: 우리의 공통점 Austrailian Citizenship: Our Common Bond』이라는 책을 공부하면 도움이 많이 될 것이다. 시험은 45분간 치르며 모든 문제는 영어로 출제된다. 대개 컴퓨터로 시험을 치르는데, 총 20개의 객관식 문항 중에 15개를 맞추면 통과이다.

---

호주 시민권 시험에는 다음과 같은 문제들이 출제된다. 기본적으로 호주의 역사문화에 대해 잘 알고 있어야 하며 단순 지식보다는 호주 국민으로서의 지성과 이해력을 요구하는 질문이 많다.

What do we remember on Anzac Day

A) The arrival of first free settlers from Great Britain

B) The landing of the first Fleet at Sidney Cove

C) The landing of the Australian and New Zealand Army Corps at Gallipoli, Turkey

Which is these is an example of freedom of speech?

A) People can peacefully protest against government decisions

B) Australians are free to not follow a religion

C) Men and women are treated equally in a court of law

위 질문의 정답은 C, 아래 질문의 정답은 A이다.

호주 정부는 시민권을 취득한 사람에게 이전 국적을 포기할 것을 요구하지 않는다. 즉, 호주에서는 이중 국적 취득이 가능하다. 이전 국적을 그대로 유지하느냐 포기하느냐 하는 것은 개인의 선택사항이며 모국의 정책에 달려 있기도 하다.

### 미리미리 준비하기

호주 이민을 준비하고 있다면 적어도 1년 전부터 호주 신문을 읽을 것을 권한다. 나의 경우 이민 신청 1년 전부터 「위크엔드 오스트레일리아」를 구독했고 기회가 될 때마다 「웨스트 오스트레일리안」이라는 신문을 보았다. 멜버른의 「더 에이지」와 「오스트레일리안 파이낸셜 리뷰」 역시 호주 내의 최신 소식들을 접하는 데 훌륭한 교과서가 되어준다. 요즘은 인터넷이 발달해서 어디서나 쉽게 호주 신문 기사를 찾아볼 수 있을 것이다.

호주 이민부 홈페이지에 나와 있는 「이민 안내서」와 『호주에서의 삶 시작하기 Beginning a Life in Australia』라는 책자도 미리 다운로드해서 읽어보면 좋다. 이민에 필요한 모든 정보가 잘 정리돼 있다. 아직 영어를 습득 중인 한국인이라면 주호주 대한민국 대사관 홈페이지(http://aus-act.mofa.go.kr)에서 자주 업데이트하는 '뉴스'와 '정보마당' 코너를 검색해보는 것도 현지에 대한 감을 익히는 데 도움이 될 것이다.

### 짐 챙기기

호주에는 없는 물건이 없다. 그러므로 이민 짐을 챙길 때는 정말 소중하고 고국의 향수를 듬뿍 담은 물건들만 가려서 챙기도록 한다. 물론 호주에 도착한 후에 이런저런 물품을 새로 구입하는 것이 귀찮다면 사용하던 물건을 몽땅 가져가도 된 다. 이민자들은 이민 전 12개월 간 소유하고 있던 물건이라면 관세도 내지 않고 어떤 것이든 큰 제약 없이 가져갈 수 있다. 금지 품목은 자동차와 애완동물, 산업용 기계, 모피 등이다. 휴 대폰과 태블릿 PC 등 쓰던 스마트 제품을 가져갈 수는 있지만 호주의 느린 4G망 때문에 사용이 제한될지도 모른다. 한편, 호주는 납작한 핀이 3개 달린 희한한 전기 플러그를 사용하므 로 한국에서 쓰던 전기기기를 가지고 갈 때는 그에 맞는 어댑 터까지 챙겨야 한다.

마지막 관문

필요한 절차를 다 밟고 서류도 완벽하게 준비하고 짐까지 부쳤다면, 마지막 관문인 출입국관리사무소와 세관 통과만이 남아 있다. 출입국관리사무소와 세관을 통과할 때는 최대한 긴장하지 않고 여유로운 태도를 보이는 것이 좋다. 이곳에서 일하는 직원들은 처음에는 따뜻한 미소로 대하다가도 태도를 돌변하고는 하는데, 이럴 때 심하게 당황하면 불필요한 오해 를 살 수 있다. 되도록 미소를 잃지 말고 침착하게 행동하자. 한 가지 주의할 점은, 불법 다운로드를 통해 저작권을 침해한 소프트웨어와 CD 등은 반드시 압수당할 가능성이 높으니 아예 버리고 오는 것이 좋다.


## 이민자의 나라

호주는 왜 이민을 원할까? 일부 호주 사람들은 사실 이민자를 원하지 않는다. 그리고 아마 인구의 절반 이상은 이민을 온다면 유럽에서 왔으면 하고 바랄 것이다. 하지만 최근 호주 정치인들은 호주 사회의 발전을 위해 이민이 꼭 필요하다는 것을 받아들였으며, 발전하는 아시아의 힘을 빌리기 위해 아시아인을 더 받아들여야 한다는 의견을 공식화하고 있다.

여전히 아시아인에 대해 편견을 갖고 있는 호주 사람들은 제2차 세계대전 직후인 1947년부터 1951년까지 호주가 무려 117만 명의 유럽 난민을 받아들였다는 사실을 기억해야 한다. 당시 호주의 백호주의 정책 덕분에 그들은 주머니에 땡전 한 푼 없이 망망대해를 떠돌다가 이 관대한 나라에 정착할 수 있었다. 그 반면에 오늘날 아시아계를 비롯한 다른 나라에서 오는 이민자들은 모국에서 살던 집값을 포함한 두둑한 은행 잔고에 대학 졸업장까지 들고 호주행 비행기에 오른다. 불평불만으로 가득 찬 유럽계 호주인은 그들의 과거를 돌아보며 겸손해질 필요가 있다.

1972년 고프 휘틀럼이 이끄는 호주노동당이 집권하면서 인종차별적인 이민 정책은 막을 내렸다. 1976년에는 최초로 아시아 출신이 호주 이민국의 최고사무관 자리에 올랐다. 이는 1970년대 베트남 난민이 떼를 지어 몰려오던 시기와 맞물린다. 1986년에는 10만 명이 넘는 인도네시아 난민을 받아들였다. 1945년부터 1985년까지 여러 경로를 통해 호주에 정착한 난민 수는 자그마치 43만 명이 넘는다.

이렇듯 대대적인 이민 정책이 시작되기 전인 1947년, 호주 밖에서 태어난 호주인은 10명에 1명이 안 되었다. 그 때 호주 인구는 700만 명에 불과했지만 오늘날은 2300만 명을 웃돈다. 그중 4분의 1은 호주가 아닌 나라에서 태어났으며, 40퍼센트 가까이 되는 호주인이 적어도 한 명 이상의 이민자 부모를 두고 있다. 지금 호주에는 총 185개국에서 온 사람들이 살고 있다. 가히 '이민 대국'이라 아니할 수 없다.

시드니 외곽의 경우 비영어권에서 온 이민자가 42퍼센트에 달한다. 이민자 숫자가 지금 추세로 유지된다면 2056년 호주의 총인구는 3090만 명에서 4250만 명 사이가 될 것으로 예측된다. 최근에는 영국과 뉴질랜드에서 건너오는 이민자 수가 많았으며 그 뒤를 중국, 인도, 이탈리아가 바짝 따라붙었다.

오랜 시간에 걸쳐 185개국에서 온 이민자들이 정착해 살아가는 호주는
다문화 · 다인종 국가가 된 지 오래이다.

## 다문화주의

다양한 나라에서 온 이민자들의 영향을 받은 호주는 그야말로 다문화 국가라고 할 수 있다. 호주노동당은 다국적 이민 장려뿐만 아니라 호주에 다문화주의를 심기 위해서도 많은 노력을 기울였다. 최근 호주는 사람들의 머릿속에 '다문화'라는 개념보다는 '호주의 가치'를 강하게 심기 위해 더욱 애를 쓰고 있지만 다문화는 이미 호주의 정체성을 표현하는 단어 중 하나가 되었다.

1991년 「더 오스트레일리안」의 조사에 따르면 호주는 매년 5억 1400만 호주달러를 다문화주의를 위해 지출했다. 호주 국민 1인당 30호주달러(약 2만 8000원)를 쓴 셈이다. 비용은 주로 소수민족의 문화적 욕구를 채워주는 다언어방송(SBS 채널), 모든 책을 다양한 언어로 출판하는 일, 이민자에게 영어를 가르쳐주는 ESL 프로그램 등에 쓰였다. 호주에 공존하는 다양한 문화를 존중하고 그것을 보존하도록 돕는 이런 노력들에 우려를 표하는 사람들도 적지 않았다. 호주가 영국 전통을 따라야 한다고 주장하는 일부 보수주의자들은 물론이고 아시아 이민을 지지하는 사람들까지 다문화에 대한 지나친 집착이 호주 문화의 질을 떨어뜨릴 것이라고 염려했다.

호주 안에 또 다른 나라들이 여럿 존재함으로써 생기게 되는 충돌을 불편하게 생각하는 사람들도 많다. 예를 들어 1990년대 초 유고슬라비아 종족 분쟁이 발생하자 세르비아인과 크로아티아인 이민자가 모여 살던 지역에서는 마치 모국의 처절한 전투를 시연이라도 하듯 서로를 공격해댔다. 이민자들은 고국의 정치적·사회적 문제점을 끌어안은 채 이곳에 들어와 살아가기 때문에 충돌은 어디서나 일어날 수 있다. 이런 문제를 해결하려면 강제로 혹은 설득을 통해 이민자들의 문화를 하나로 통합해야 할까? 이민자에게 새로 정착한 호주의 풍습을 받아들이도록 강요하는 것이 과연 옳은 행동인가에 대한 토론은 지금도 계속되고 있다.

## 호주 안에서 세계를 만나다

지금 막 호주에 도착해서 새 삶을 개척하려는 사람라면 호주만의 독특한 다문화 현상을 흥미롭게 바라볼 수도 있다. 세계 여러 나라의 문화와 풍습을 가까이에서 한꺼번에 경험할 수 있으니 얼마나 기대되는 일이겠는가. 그러나 조금 더 신중하게 행동할 필요는 있다. 예컨대 아일랜드식 농담은 완전히 다른 문화권에서 온 사람들에게는 모욕으로 느껴질 수 있다. 아르메니아인과 터키인을 한자리에 초대하는 무례를 범해서도 안 된다. 물론 호주의 다문화는 새로운 융합을 이끌어내는 훌륭한 토대가 되어주기도 한다. 얼마 전 퍼스의 포르투갈 영사관에서 주최한 '포르투갈의 날' 행사에는 옛날 포르투갈 식민지였던 나라에서 온 이민자들도 참석해 함께 춤추고 노래를 불렀다. 물론 호주 사람들도 빠지지 않았다.

사실 오늘날에는 '호주인'이라는 정의를 내리기도 쉽지 않다. 싱가포르에서 살다가 퍼스로 이민 온 내 친구의 경우를 보자. 그의 엄마는 중국 상하이에서 태어났고 생김새도 중국인이지만 중국어를 전혀 못한다. 아빠는 라트비아 출신으로 상하이에 있는 이라크 혈통 유대인 집안의 아들로 입양되었다고 한다. 친구 부모님은 싱가포르로 건너와 그를 낳았고 그 친구는 호주로 이민 와서 호주인이 되었다. 그는 또 이곳에서 아일랜드 혈통의 유라시안 남자를 만나 결혼했는데, 그들이 낳은

딸은 하얀 피부에 주근깨가 많은 빨간 머리 소녀로 자랐다. 이렇듯 인종과 문화를 초월한 가족구성원의 이야기는 호주에서 흔한 사연이 되었다.

다문화 배경을 가진 호주인의 정계 진출도 활발하다. 2014년 6월에는 사우스오스트레일리아에서 베트남 난민 출신인 휴 반 르 씨가 차기 주총독으로 임명돼 화제를 모았다. 그는 호주 역사상 첫 아시아계 주총독이 되었다. 아시아계 호주인으로 30년을 살아온 말레이계 중국인 의사의 말을 빌리자면, 호주 전역에 걸쳐 정치에 입문하는 중국계 호주인의 숫자도 갈수록 늘어나는 추세이다. 어쩌면 머지않은 미래에 중국계 호주인 총리가 임명되는 날이 올지도 모른다.

그 속에 들어가기

많은 이민자들이 초기에는 모국에서 온 동포들과 어울려 같은 문화를 즐기며 정보를 얻고 싶어 한다. 호주 내 거의 모든 도시에서 그리스, 이탈리아, 오스트리아, 폴란드, 세르비아, 크로아티아, 타밀, 말레이시아, 스리랑카, 티모르, 유라시안, 싱가포르 등 다양한 나라와 민족의 모임을 찾을 수 있다. 하지만 호주 문화에 진정으로 적응하기 위해서는 가능하면 호주 사람들과 많은 시간을 보내며 공감대를 형성할 필요가 있다. 지역 교회나 문화센터, 하이킹 클럽 등을 통해 친구를 만드는 것도 좋은 방법이다. 다만 한 가지 문제는 주변에서 만나는 호주인 역시 당신과 비슷한 이민자일 가능성이 높다는 것이다. 하지만 각자에게만 익숙한 문화에서 벗어나 호주인이라는 인식을 함께 쌓아간다면 호주가 진정 집으로 느껴질 것이다.

## 교통

호주에서는 운전을 못하면 아무 데도 갈 수 없다. 친구를 사귀는 데도 지장을 받는다. 잠깐 친구를 만나 커피를 마시고 싶어도 차가 없으면 친구 집도 커피숍도 갈 수 없기 때문이다. 주말과 밤에는 버스와 기차도 드문드문 다닌다. 깜깜한 야밤에 외딴 정류장에 혼자 서서 언제 올지 모르는 버스를 하염없이 기다릴 각오가 없다면, 주말에는 아예 문 밖을 나서지 않는 것이 좋다.

운전은 빨리 배울수록 좋다. 호주에서 행복하게 지내는 비결 중 하나는 바로 운전면허증을 손에 넣는 것이다. 모국에서 자동차면허를 땄다면 이민 승인을 받은 날짜로부터 3개월 동안은 그냥 운전해도 되며, 그 안에 도로주행과 시력검사로 이루어진 호주 운전면허시험에 통과해야 한다. 면허증이 없는

땅덩어리가 워낙 넓고 교통이 발달한 호주에서는
차가 없거나 운전을 못하면 아무 데도 갈 수가 없다.

사람은 먼저 필기시험에 합격한 다음 운전을 배울 수 있는 허가증을 발급받도록 한다.

호주에서는 18살이 되면 누구나 운전을 시작한다. 일부 주에서는 제한 나이가 더 낮기도 하다. 주마다 교통법이 다르지만 보편적으로 면허증 등급에 따라 유효기간과 추가로 통과해야 할 시험이 있다. 어린 운전자는 의무적으로 어른의 감독 아래 25시간 연습시간을 채워야 하는 등 추가 제약이 있다. 호주에서 면허 시험을 치르려면 살고 있는 지역의 교통감독기관에서 정보를 구하면 되는데(주마다 차이가 있다) 시험 비용은 약 120호주달러이며 면허증 발급 비용은 별도다.

## 자동차 구입

호주에서 차를 사기는 비교적 쉽다. 차종이 다양한데다 중고 시장도 활발하게 운영되고 있어 싼값에 품질 좋은 물건을 고를 수 있다. 자동차 유지비도 싼 편이다. 하지만 카센터는 바가지요금을 씌우기로 악명이 높으므로 여러 군데를 다녀보고 가격과 서비스를 비교한 후 단골을 삼는 것이 좋다. 겉모습에 크게 신경 쓰지 않는 호주인은 다른 사람이 어떤 차를 몰고 다니는지에 별로 관심이 없다.

## 운전 여건

호주 도로는 영국이나 일본처럼 좌측통행을 한다. 도시에서 음주운전 단속을 매우 엄격하게 하므로 술을 한 방울이라도 마셨다면 절대 운전하지 않아야 한다. 웨스턴오스트레일리아의 경우 혈중 알코올 농도 0.05퍼센트 이상의 초범에게 벌금 250~500호주달러를 부과하고, 0.08퍼센트를 넘기면 아무리 다른 나라와 마찬가지로, 호주의 자동차 유지비는 상당 부분 기름값으로 결정된다. 땅덩어리가 넓은 호주에서는 장거리 운전이나 오지 여행을 할 기회가 많다. 도시에서만 탈 것이 아니라면 연비가 좋은 차를 구입하는 게 유리하다.

- **자동차** : 적당한 크기의 일본산 또는 한국산 세단을 5년 된 모델로 살 경우 8000호주달러 이하에 구입할 수 있다. 같은 모델 신차 가격은 1만 5000호주달러쯤 될 것이다. 그보다 윗급인 럭셔리카나 SUV는 신차 가격이 3만~5만 호주달러에 책정돼 있다.

- **운전면허증** : 5년짜리 운전면허증을 발급받는 데 대략 116호주달러가 필요하다.

- **자동차 등록 및 제3자 보험료** : 업무용 및 개인 생활에 두루 쓸 수 있는 기본형 자동차 보험료는 12개월에 약 561호주달러이다.

- **로열 자동차 클럽 멤버십 및 보험료** : 이 멤버십은 선택사항이다. 하지만 헤드라이트를 켠 상태로 주차하거나 키를 차 안에 둔 채 문을 잠그는 등 비상 상황에 처했을 때 도움을 받을 수 있다. 스탠다드는 89호주달러, 클래식은 139호주달러이다.

- **연간 정비료** : 자동차 주행거리에 따라 비용이 달라진다. 오일 교환을 포함한 간단한 검사와 정비에는 대략 150호주달러, 그보다 더 정밀한 검사라면 500호주달러를 예상하면 된다.

초범이라도 3개월간 면허정지 처분을 내린다.

안전띠 사용은 의무이며 운전 중 휴대폰 사용을 금한다. 호주 운전자들은 일반적으로 매너가 좋고 인내심과 배려심이 많은 편이다. 차선을 바꿀 때는 반드시 미리 깜빡이를 켜서 주변에 신호를 보낸다. 보행자나 동물이 먼저 지나가도록 속도를 줄이는 모습도 흔히 볼 수 있다. 도로별 제한속도는 한국과 비슷하다. 호주의 고속도로들은 특히 바람이 심하게 불고 가로등 불빛도 어두우므로 각별한 주의가 필요하다.

광활한 대륙에 사는 호주 사람들은 장거리 운전에 익숙해서 몇 백 킬로미터나 떨어진 친구 집도 아무렇지 않게 다녀온다. 운전할 때 야생동물이 불쑥 튀어나오기도 하는데, 특히 초보 운전자라면 캥거루의 주된 활동시간인 해 질 녘부터 이른 아침까지는 운전을 삼가는 게 좋다. 키가 1.8미터에 달하는 육중한 몸에 잔뜩 화가 나 있는 수컷 캥거루와 부딪친다면 아무리 숙련된 운전자라고 해도 사고로 이어질 수밖에 없다. 호주 고속도로에서는 또 엄청나게 긴 화물수송용 대형 트럭들이 무서운 기세로 질주하는 것을 밤낮 없이 볼 수 있다. 괜한 자존심에 이들과 실랑이를 벌이는 것은 절대 금물이다.

  오지를 향해 운전할 때는 많은 준비가 필요하다. 외딴 곳에서 차를 망가뜨린 운전자가 음식도 떨어져 결국 아무도 모르게 죽고 말았다는 소문이 해마다 도시 괴담처럼 떠도는 나라가 호주다. 장거리 운전에 나설 때는 반드시 여분의 타이어와 장비를 갖추고 물과 음식을 넣은 아이스박스도 챙기도록 한

호주 대륙의 비어 있는 땅 곳곳에서 이런 풍경을 종종 볼 수 있다.

시드니 중심부에는 머리 위로 지나다니는 모노레일이 있다.

멜버른은 기차와 트램이 유명하다.

© expose / Shutterstock.com

다. 망망대해 같은 오지 도로에서 길을 잃었을 때는 지도 없이 움직이면 더욱 위험해질 수 있는데, 미리 성능이 좋은 GPS 기기를 구입하는 것도 좋은 방법이다.

## 다른 교통수단

호주의 몇몇 도시에는 대중교통이 잘 마련돼 있다. 멜버른은 기차와 트램이 유명하고, 웨스턴오스트레일리아의 퍼스와 프리맨틀에는 무료로 이용할 수 있는 시내버스가 있다. 매일 똑같은 노선을 타고 출근하는 사람들은 시즌 패스나 멀티 라이더 티켓을 활용해 할인을 받는다. 시드니와 퍼스를 비롯한 몇몇 주요 도시에서는 강과 부두를 지나는 페리보트도 운영 중이다.

## 화폐

호주달러는 비교적 변동이 심한 편인데도 세계에서 다섯 번째로 많이 거래되는 화폐이다. 세계적인 금융 위기가 휘몰아친 2009년에도 탄탄한 은행 시스템과 비교적 높은 이자율, 내부적인 안정성, 승승장구하는 아시아 경제에 힘입어 피해를 크게 입지 받지 않았다.

100센트를 1달러로 치는 십진제를 따르는 호주달러는 독특한 플라스틱 재질의 지폐를 사용한다. 가장자리가 울퉁불퉁한 50센트 동전은 세계에서도 첫손에 꼽힐 정도로 두껍다. 정확한 이유는 알 수 없지만 금으로 만든 동전 두 가지 중에 2달러짜리가 1달러짜리보다 작다. 자선단체가 후원하는 행사에 가면 입장료 대신 '골드코인 기부'라고 써놓은 것을 종종 볼 수 있는데, 1달러 또는 2달러짜리 동전을 내라는 의미이다.

호주 내 대표적인 은행으로는 호주커먼웰스은행, 호주뉴질랜드은행(ANZ), 웨스트팍 그리고 내셔널호주은행(NAB)이 있다. 이민자들은 호주에 도착한 날짜로부터 6주 이내에 운전

호주 지폐들. 플라스틱 소재로 만들었기 때문에 엄밀히 말하면 지폐가 아니다.

면허증이나 여권을 보여주고 통장을 개설할 수 있다. 이 기간을 넘기면 절차가 까다로워지므로 빨리 만드는 것이 좋다. 이자가 발생하는 계좌는 택스파일넘버(TFN)를 받아두면 나중에 이자세 일부를 감면받을 수 있다. 해외 계좌에서 호주 계좌로 돈을 부칠 경우 거래금액이 1만 달러 이상이면 해당 기관에 자동 보고되며, 같은 액수를 현금으로 들고 입국할 경우에도 세관에 필히 신고해야 한다.

은행 업무에 관한 추가 정보는 호주은행협회 홈페이지(www.bankers.asn.au)에서 확인할 수 있다. 호주 은행들의 영업시간은 평일 오전 9시 반부터 오후 4시까지 그리고 토요일 오전 시간이다.

## 통신

대표적인 통신 회사로는 한때 공기업이었다가 2006년에 사기업으로 전환한 텔스트라, 옵투스, 보다폰이 있다. 호주에서 전화를 사용하려면 이 중에서 마음에 드는 회사를 선택해 신청하면 된다. 유선전화 이용료는 매달 27호주달러 정도 된다. 하지만 요즘은 젊은 층을 중심으로 휴대폰을 주로 사용해 일반전화 수요가 현저히 줄어들었다.

인터넷 시장도 경쟁이 치열한 편이라 회사별로 다양한 옵션을 놓고 비교 구매할 수 있다. 가장 잘 알려진 브랜드로는 이넷과 빅폰드가 있다. 하지만 호주는 인터넷이 그다지 발달하지 않았다. 2011년 조사에 따르면, OECD 국가 중에서 다운로드 속도와 케이블 속도가 매우 낮은 편이며 DSL 속도는 열세 번째로 느리다. 게다가 정보처리량도 적은 인터넷서비스를 OECD 국가 중 다섯 번째로 비싼 가격에 제공하고 있다.


## 의료 서비스

호주 영주권을 취득하고 2년이 지난 뒤부터 호주의 국민건강보험인 메디케어의 혜택을 받을 수 있다. 하지만 호주인 대부분은 개인건강보험에도 가입한다. 고소득자가 개인보험에 가입하지 않으면 가산세를 부여한다. 보통 개인보험료의 30퍼센트를 국가에서 환불해주고 65세 이상은 5퍼센트를 더 환불받는다. 그럼에도 보험료가 비싸다는 이유로 포기하는 사람이 많다.

개인보험이 없으면 담석 제거나 무릎 수술과 같이 생명에 큰 지장이 없는 질병을 겪을 때는 메디케어 서비스를 받기 위해 장시간 기다려야 하고 의사도 마음대로 선택할 수 없다. 같은 상황에서 개인보험 가입자는 신속하게 수술 날짜를 잡고 원하는 의사에게 수술을 받을 수 있다. 또한 치과 치료와 같이 메디케어가 보장하지 못하는 부분까지 혜택이 있다(호주에서 개인보험 없이 치아를 치료하려면 엄청난 비용이 들어간다).

호주는 또 환자가 처방받은 약값의 일부를 정부가 보조해주는 의약품 혜택제를 운영하고 있다. 연금 수급자와 메디케어 가입자, 장애인 등이 모두 대상이다. 이 혜택은 호주와 의료협정을 맺은 이탈리아와 뉴질랜드, 아일랜드공화국, 핀란드, 말타, 네덜란드, 스웨덴, 노르웨이 그리고 영국 관광객들에게도 똑같이 적용된다.

지역마다 국립병원과 개인병원이 다양하게 있으며, 모두 세계 최고 수준의 의료 서비스를 제공한다. 하지만 사람들은 이왕이면 대도시 병원에서 치료받고 싶어 하고, 개인보험에 가입된 경우에는 병원을 선택할 수 있다.


## 쇼핑

빅토리아와 태즈메이니아, 오스트레일리아 수도특구 그리고 노던 테리토리를 제외한 나머지 지역은 아직도 심한 규제로 소매업의 암흑시대를 겪고 있다. 일반적으로 상점들은 오전 9시면 영업을 시작하는데 문 닫는 시간은 일정치 않다. 저녁 늦게까지 문을 여는 날도 있고 일요일에 문을 여는 경우도 있지만 늘 그렇지는 않다. 하지만 대도시에서는 요즘 정해진 영업시간에 맞춰 장사하는 상점이 늘어나고 있으며 일요일이나 휴일에 문을 여는 대형 마트도 있으므로 크게 염려할 필요는 없다.

특이한 점은 호주 슈퍼마켓에서는 술을 팔지 않는다는 것이

호주에서 술을 사려면 이런 간판이 있는 주류 전문점을 찾아야 한다.

적은 돈으로 신선한 채소를 살 수 있는 그로어스 마켓.

다. 그래서 사람들은 장을 볼 때마다 주류 판매점에 따로 들른다. 상점은 최고급 백화점에서부터 중고물품을 파는 작은 숍까지 다양해 누구나 자기 입맛에 맞는 쇼핑을 즐길 수 있다. 각양각색 판매자들이 모여드는 오픈마켓과 돈 대신 물물교환을 하는 시장도 있고 시골 교회나 농업박람회에서도 수공예품

과 직접 만든 잼 등을 구입할
수 있다.

적은 돈으로 신선한 채소를
구입하고 싶다면 농산물 직
판장이라 할 수 있는 그로어
스 마켓을 추천한다. 이탈리

아인이나 아시아인이 운영하는 곳이라면 다양한 이국 음식도
맛볼 수 있을 것이다. 최고급 식재료를 사려면 슈퍼마켓 체인
점보다는 종목별 전문점을 추천한다. 지역마다 주말에만 열리
는 마켓이 있는지도 알아보면 좋은데, 이런 장에는 엄청나게
다양한 음식과 빵들, 아이들 장난감부터 멋진 부츠까지 독특
한 물건들이 모여든다. 굳이 물건을 사지 않더라도 구경하는
것만으로 큰 재미를 준다. 아무나 물건을 사고팔 수 있는 커뮤
니티 마켓도 소박한 재미를 느낄 수 있는 쇼핑 장소이다.

계절마다 상점에서 파는 의류제품은 제한적이다. 주로 여름
에는 여름옷만, 겨울에는 겨울옷만을 내놓고 판다. 계절이 끝
날 즈음에 열리는 시즌 세일을 잘 노리면 거의 헐값에 좋은 옷
을 고를 수 있다. 또 비만 인구가 많은 호주에서는 빅사이즈
여성복을 쉽게 구할 수 있다. 작고 타이트한 옷에 지친 사람들
에게는 쇼핑 천국이 따로 없을 것이다.

집으로 돌아가 친구들에게 나눠줄 선물을 찾고 있다면, 관
광지에 흔한 싸구려 기념품 가게보다는 이름 있는 체인점에서
구입할 것을 권한다. 코알라가 그려진 티셔츠 대신에 마카다
미아가 들어간 초콜릿이나 질 좋은 와인, 이탈리아식 판포르
테 케이크 등 합리적인 가격에 고급스럽고 흔치 않은 선물을
고를 수 있다. 호주는 기본적으로 물건 값을 깎는 문화는 없

다. 하지만 생산자가 직접 물건을 들고 나오는 오픈 마켓 같은 곳이라면 시도해볼 만하다.

## 자녀교육

이민자 부모들 대부분은 자녀에게 더 나은 미래를 누릴 기회를 주기 위해 호주를 선택한 경우가 많다. 하지만 아이러니하게도 이민을 오고 난 후에는 행여나 자기 자식이 예의 없고 시끄러우며 천박하게 자라거나, 성에 대해 일찍 눈을 뜨고 마약에 손을 대기라도 할까 봐 노심초사한다.

이민 2세라면 누구나 한 번쯤 정체성에 대한 혼란을 겪고 자신의 배경을 부인하게 되기도 한다. 어쩌면 새로운 나라와 문화에 적응하기 위해 필수적으로 거쳐야 할 과정인지도 모른다. 하지만 호주 특유의 자유방임형 교육 문화는 이민자 부모들에게 아주 위험한 결과를 초래할 수 있는데, 많은 이민자 가정에서 부모가 훈육을 위해 아이를 혼내거나 회초리를 든 일로 아이가 폭행을 당했다며 경찰이나 관계기관에 신고하는 것을 볼 수 있다.

## 의무교육

놀랍게도 호주는 아이가 15세가 될 때까지만 의무적으로 교육을 받도록 정하고 있다. 이 기간에 공립학교에 다니는 학생은 학비 없이 수업을 듣는다. 수업은 1년에 총 4학기로 나뉘며, 각 학기가 시작되고 끝나는 날짜는 주마다 조금씩 다르지만 대체로 아래와 같다.

- 1학기 : 2월~4월
- 2학기 : 5월~6월
- 3학기 : 8월~9월
- 4학기 : 10월~12월 중순

여름방학은 12월에서 1월 사이에 하며 이 기간에는 학교도 문을 닫는다. 하지만 예전과 다르게 점점 많은 호주 학생들이 방학에도 개인교습을 받고 있는데, 경쟁심 강한 아시아인 부모들의 영향이 크다. 도시에서 멀리 떨어진 곳에 사는 아이들은 일종의 방송통신학교인 '스쿨 오브 더 에어'를 통해 공부한다. 우편과 송수신이 가능한 라디오 그리고 인터넷을 활용해 수업을 듣고 숙제를 한다.

초등학교 저학년은 창의력과 표현력에 중점을 둔 수업을 받는다. 호주 학교의 수업 분위기는 굉장히 자유롭다. 하지만 대학 입학시험을 치러야 하는 12학년에 들어서면 분위기가 완전히 바뀐다. 좋은 대학에 가기 위해서는 시험에서 높은 점수를 받아야 하므로 10학년 때부터 점차적으로 교육 강도를 높인다.

### 공립학교

호주의 공립학교는 교육 수준이 그리 높지 않은 편이다. 게다가 임시 비자를 받은 학생이라면 공립학교에서도 학비를 내야 하는 경우가 있다. 따라서 이민자 부모들은 자녀를 학비가 비싼 사립학교에 보내려고 노력하는데, 가톨릭 학교나 유대인 학교처럼 특정 종교나 문화, 지역을 기반으로 한 학교도 있고 개인이 독립적으로 운영하는 곳도 있다. 지역마다 명문으로 소문난 곳도 있으니 미리 알아보고 가면 좋을 것이다.

호주는 아이가 15세가 될 때까지만 의
무교육을 실시하며, 세계 어느 나라보
다 자유방임형 교육 문화를 갖고 있다.

주마다 대학 입학시험을 일컫는 이름이 따로 있지만 시험은 전국이 동일하다. 난이도가 높은데다 경쟁이 심해 스트레스가 굉장하기 때문에 공부에 흥미를 느끼지 못하는 아이들

호주 학교에서는 토론을 굉장히 중요하게 생각한다. 일부 아시아 문화권에서는 선생님 말에 반박하는 행동을 무례하다고 여기는 반면, 호주의 교사들은 끊임없이 질문을 던지고 반대 의견을 제시해 토론을 이어나가는 것이 학생의 몫이라고 생각한다. 이런 교육 방식은 대학에서 더욱 두드러진다.

은 일찍 포기하는 편이 낫다. 대입을 포기한 학생들은 대부분 직업훈련학교에 진학하며, 여기서 배운 지식을 토대로 나중에 대학에 입학하는 경우도 있다.

이민자들은 어려운 대입시험 때문이라도 되도록 자녀 나이가 어릴 때 호주에 오는 것이 유리하다. 10대 중반이 된 아이들이 모국과는 완전히 다른 호주 교육 시스템에 적응해 대입시험까지 무사히 치르기는 매우 어렵다. 특히 주입식 교육을 받았던 학생이라면 개인의 의견과 판단, 합리적인 사고방식과 지식에 대한 근본적인 이해를 추구하는 호주의 교육방식에 빨리 적응하지 못하는 편이다.

한편 호주는 세계적으로도 매우 수준 높은 교육을 도입한 나라로 알려졌지만 2006년 조사 결과에 의하면 호주인의 절반가량이 글을 읽고 쓰는 능력과 기본적인 산술 능력을 제대로 갖추지 못한 것으로 나타났다.

### 대학

21세기의 다른 국가들과 마찬가지로 호주 역시 목적의식과 의욕을 잃어가는 젊은이들에 대한 우려의 목소리가 크다. 무엇이든지 쉽게 얻고 쉽게 버리는 현대 사회에서 대학 교육은 점차 뒷전으로 밀려나고 있다. 취업 기회도 줄어드는 마당에

대학을 다니느라 몇 년을 허비하느니 빨리 취직해서 돈을 벌 겠다는 젊은이들이 늘고 있다.

이제 많은 젊은이들은 뚜렷한 목표가 없다면 굳이 대학에 갈 필요가 없다고 생각하며, 대학 졸업장을 따는 것을 큰 특권 이라고 여기지 않는다. 대학에 진학한 학생들 중에서도 20퍼 센트는 1년 안에 중퇴한다. 대학생들은 한 가지 전공을 선택 해서 깊이 있게 공부하기보다는 졸업에 필요한 학점을 쉽게 딸 수 있는 수업만 골라 듣는 경우가 많다. 대학을 다니다가 잠시 돈을 벌 목적으로 휴학한 학생들은 대부분 학교로 돌아 가지 않는다. 어렵게 대학을 졸업한다고 해서 당장 취업이 보 장되는 것도 아니다. 대부분은 졸업 후 몇 개월을 기다려서야 겨우 취직에 성공한다.

호주 영주권을 취득한 지 2년이 넘은 대학생이라면 등록금 일부를 정부에서 보조받을 수 있다. 나머지 학생이 부담해야 할 금액에 대해서도, 필요한 경우 정부에 학자금 대출을 신청 할 수 있다.


## 집 고르기

호주에 사는 사람들은 대부분 내 집 마련을 꿈꾼다. 하지만 호주의 집값은 세계에서도 손꼽힐 만큼 비싸고 월세도 만만찮 게 높다. 젊은 부부들은 아예 집을 살 엄두조차 내지 못한다. 호주 사람들은 이런 주택 시장의 문제점이 인권 침해와 연결 된다고 생각한다. 그래서 3년마다 돌아오는 총선거에는 주택 문제가 어김없이 열띤 토론 주제로 오르내리는데, 나날이 늘 어만 가는 비판에도 호주 정부는 뾰족한 대책을 내놓지 못하고 있다.

그럼에도 호주인의 주택 보유율은 70퍼센트로 꽤 높은 편이다. 물론 다른 나라에 비해 대출이자가 높아서 가계 부담은 상당하다. 호주 정부는 복지 차원에서 결손가정이나 한부모 가정, 실업자, 난민, 원주민들에게 공영 임대주택을 보급하기도 하는데, 이런 주택들은 가격만 낮을 뿐 유지보수가 제대로 이루어지지 않아 사실상 빈곤층 거주지로 전락하고 있다.

## 아파트보다 땅

전통적인 호주인에게 집은 곧 땅이다. 이들은 넓은 땅을 사서 그 위에 자기 집을 짓고 싶어 할 뿐 아니라, 하늘을 가리는 높은 건물을 좋아하지 않는다. 최근에 대도시를 중심으로 단층 아파트가 조금씩 보급되고 있기는 하지만, 층층마다 집들이 빽빽이 들어찬 전형적인 고층 아파트 구조에 대해서는 모두가 강한 거부감을 드러낸다. 그래서인지 호주 도시들의 스카이라인도 상업 지역을 제외하면 놀라울 정도로 낮다. 고층 건물은 사무실로나 쓰지 거주지로는 적합하지 않다는 것이 호주인의 생각이다.

하지만 당분간 호주의 도시 개발자들은 집을 넓게 짓는 것보다는 아파트와 같은 고밀도 거주지에 초점을 맞출 것으로 보인다. 아시아와 미국에서 많은 이민자가 들어오면서 아파트에 대한 수요 역시 늘어났기 때문이다. 내 땅 위에 내 집을 짓겠다는 호주인의 꿈은 점점 도시에서 외곽으로, 또 오지로 밀려나게 될지 모르겠다. 하지만 미국인들이 총기를 소유할 권리가 개인에게 있다고 굳게 믿는 것처럼, 호주인 역시 토지를 소유할 권리를 쉽게 포기하지 않을 것이다. 호주 사람들은 여전히 아파트보다는 정원이 없어도 조그마한 뒤뜰이 달린 1층짜리 집을 선호하고 있다.

## 호주 주택 스타일

대부분 단층짜리 건물인 호주 주택들은 저마다 독특한 개성을 자랑한다. 거리마다 공장에서 찍어낸 것처럼 똑같은 모양의 집들이 줄지어 늘어선 미국의 교외 풍경과는 달리 호주에서는 똑같이 생긴 집을 거의 찾아보기 어렵다.

전통적인 호주 주택은 비싸지만 오래되고 고풍스러운 외관을 지닌 페더레이션 스타일로 식민지 시대 건축 양식을 본따 만들었다. 주로 건물 앞쪽에 현관과 베란다를 두고 그 옆으로 길쭉한 기둥이 의젓하게 늘어서 있으며 연철로 만든 레이스 장식 등이 눈에 띈다. 이 외에도 신고전주의 스타일과 지중해 느낌이 나는 스페인 하우스, 통나무로 만든 전원주택 형, 땅에서 높이 띄워 나무로 짓고 베란다를 넓게 낸 퀸즐랜드 스타일

호주 사람들 대부분은 마당이 있는 단층짜리 주택을 선호하며,
똑같이 생긴 집을 거의 찾아보기 어렵다.

등이 있다.

환경보호운동이 유행처럼 번지면서 자연에서 영감을 얻은 주택 양식도 주목을 받고 있다. 웨스턴오스트레일리아 남부 지역에서는 흙다짐 공법으로 지은 집이 아주 인기인데, 이런 집은 비용이 만만찮게 들지만 자연에서 얻은 재료로만 집을 짓기 때문에 별다른 처리 없이도 절연 효과가 훌륭하다. 조금 싼 비용으로 비슷한 느낌을 내려면 구운 진흙 벽돌을 사용하면 된다. 나무와 돌을 적절히 섞어서 집을 짓기도 한다. 하지만 이런 재료들로 집을 지으려면 엄청난 노동력과 정성이 필요하다.

## 주택 쇼핑

호주에서 주택 거래는 대부분 부동산 중개인을 통해 이루어지며 최종 지불을 위해 변호사가 개입하는 경우도 있다. 부동산 시장에 나온 매물들은 지역 신문이나 부동산 잡지에도 실리고 요즘은 인터넷을 통해서도 볼 수 있다. 이런 집은 언제든 구경할 수 있는 '오픈 하우스'가 되어 부동산 중개인이 관리하며 관심 있는 사람들에게 보여준다. 호주 사람들은 당장 집을 살 생각이 없어도 이런 오픈 하우스를 자주 구경 다닌다. 최대한 많은 집을 둘러본 경험이 나중에 자기만의 완벽한 집을 찾을 때 도움이 되기 때문이다.

이민자들이 주택을 소유했다고 해서 영주권이나 시민권을 획득하는 데 더 유리하지는 않다. 오히려 임시 비자로 호주에 체류하는 동안 집을 샀는데 혹시라도 호주를 떠나야 하는 상황이 발생하면 구입했던 주택은 모두 되팔아야 한다. 외국인은 외국인투자자문협회(FIRB)의 승인 없이는 부동산에 투자

할 수 없다. 이 절차는 28일 정도 걸린다. 영주권이 있는 이민자가 아니라면 이미 지어진 건물을 살 수도 없다.

집을 계약한 후에도 3개월 동안은 문이 부서지거나 창문이 고장 나거나 하면 판매자가 고쳐주어야 하는데, 계약 당시 망가져 있던 것을 구입자가 미처 확인하지 않았다면 그것은 고쳐줄 의무가 없다. 따라서 집을 살 때는 계약 전에 집 구석구석을 아주 꼼꼼히 체크해두는 것이 좋다. 옛날에 지은 호주 주택들은 화장실이 1개일 가능성이 높고 화장실이 아닌 다른 장소에 변기만 덩그러니 있는 경우도 있다. 집들은 대부분 카펫과 창문을 포함해서 거래되며 전자레인지나 세탁기, 에어컨, 선풍기 등이 딸린 경우도 있으므로 계약 전에 어떤 물품들이 포함되는지를 확인하도록 한다.

### 주택 구매

부동산 중개인을 고용할 때는 반드시 정식 자격증이 있는지 확인한다. 만약 부동산 경기가 활발할 때 마음에 드는 집을 발견했다면 가격 협상에 시간을 너무 허비하지 말고 판매자가 제시한 금액에 바로 계약하는 것도 좋은 집을 차지하는 요령이다.

중개인은 언제나 판매자의 편이라는 것을 잊지 말자. 구매자가 현금을 보유하고 있다면 몰라도 복잡한 은행 거래가 불가피하다면 판매자가 처음에 제시한 가격을 끝까지 요구할 가능성이 높다. 중개인 없이도 주택을 사고팔 수는 있지만 구매자 입장에서는 비용이 싸지는 것도 아니니 유리할 게 없다. 중개인이 없으면 이득을 보는 것은 판매자뿐이다. 만약 판매자가 중개인 없이 거래를 원한다면 다른 꿍꿍이가 있는지 의심

## 집 계약 전에 체크해야 할 사항

- 뒤뜰에 있는 추가 구조물을 파악하고 구조물에 대한 허가를 받았는지 확인한다.

- 집 주변에 친 울타리가 토지 경계에 맞춰 세워졌는지 확인한다.

- 그 지역의 재산세가 얼마쯤 되는지 확인한다.

- 하수처리 시설이 괜찮은지 확인한다. 정화조와 배관이 비워져 있는지도 확인한다.

- 가스관이 설치돼 있는지 확인한다. 설치하지 않았다면 나중에 추가 비용이 발생할 수 있다.

- 수영장이 있다면 전용 청소도구를 포함해서 팔 것인지를 확인한다. 지역 규제에 따라 울타리를 칠 필요가 없는지도 확인한다. 수영장이 없어도 혹시 메꾼 흔적이 있는지는 살펴본다.

- 잘 가꿔진 정원이 있다면 유지 방법과 비용에 대해서도 알아본다. 정원에 필요한 물을 제재 없이 사용할 수 있는지도 확인한다.

- 도난경보기가 설치돼 있는지, 창문과 문에 달린 잠금장치가 튼튼한지도 확인한다.

- 건물에 절연 처리가 잘 되었는지 확인한다.

- 냉난방 시스템을 확인하고 온수기가 있는지도 살펴본다.

- 집이 얼마나 오래되었는지 정확한 햇수를 알아본다. 지붕은 언제 마지막으로 손봤는지, 기둥을 새로 작업할 필요는 없는지 등을 확인한다.

- 최근에 흰개미 방역 작업을 했는지, 하지 않았다면 해줄 수 있는지도 확인한다.

- 주변 동네를 꼼꼼히 살펴본다. 근처에 슬럼화된 임대주택이 있거나 범죄율이 높은 지역이라면 재고하는 것이 좋다.

- 부동산 중개인 없이 집과 주변 동네를 다시 방문해본다. 가능하면 다른 시간대에 둘러보는 것이 좋다.

- 초고속 인터넷 설치가 가능한지 확인한다.

해봐야 한다. 집을 너무 비싼 가격에 내놓았다거나 심각한 문제가 있을 수도 있다.

호주의 가장 매력적인 점은 그래도 아직까지 자연 그대로의 넓은 땅을 사서 자기의 집을 짓고 사는 꿈을 실현할 수 있다는 것이다. 실제로 많은 호주인이 땅을 사서 직접 설계한 집을 짓는다. 셀프 집짓기 시장이 굉장히 발달했기 때문에 건축 허가만 받으면 누구나 쉽게 집을 지을 수 있다. 이미 완성되어 설치만 하면 되는 문과 창문, 지붕, 타일까지 집짓기에 필요한 모든 것을 카탈로그만 보고 주문할 수 있다.

기초를 다질 때는 물론 전문가의 도움이 필요하다. 그 후 원한다면 벽돌 한 장 한 장까지 모두 내 손으로 쌓아서 지을 수도 있다. 하지만 시간과 효과의 문제로 대부분은 전문 건축업자를 고용하는데, 이들 중에는 무책임하거나 대놓고 사기를 치려는 부류가 많으므로 신중하게 골라야 한다. 일을 맡긴 후에도 집 짓는 과정을 꼼꼼히 모니터링하고 세밀한 부분까지 직접 챙기도록 한다.

땅을 살 때는 가능하면 많은 조언에 귀 기울여 곳곳에 도사리고 있을지 모를 위험에 대비해야 한다. 땅 주변에 꼭 울타리를 쳐야 한다든지 2년 넘게 집을 짓지 않고 비워두면 안 된다든지 하는 예상치 못한 제약이 있을 수 있다. 방화벽을 만들고 뒤뜰에 불을 지를 때도 엄격한 규정을 따라야 한다.

실제로 땅을 산 뒤에 여러 가지 문제가 발생한다. 예를 들어 토지 소유권은 넘어왔지만 땅 밑에 있는 흙에 대한 광업권은 정부에 속해 있을 수도 있다. 이럴 경우 집 밑에서 금이나 철과 같은 광물이 발견되면 어떻게 될까? 상수도와 화재 위험성도 꼼꼼하게 조사해야 한다. 바다가 한눈에 들어오는 전망 좋은 해안가 토지는 특히 조심한다. 점점 상승하는 해수면을 비롯해 각종 해안 사고에 대한 우려로 주정부가 해변 주택에 벌칙을 부과하거나 강제로 이동시키는 경우가 있기 때문이다.

자신이 집을 짓고 살려는 지역의 향후 개발 계획도 알아봐야 한다. 내가 반한 아름다운 자연이 몇 년 안에 새로운 도시로 개척될 수도 있기 때문이다. 이 외에도 신경 써야 할 부분이 한두 가지가 아닌데, 세금과 같은 복잡한 문제는 전문가와 상의하는 편이 빠르다.

## 정원 문화

호주인은 정원 가꾸기에 무척 열성이다. 특히 영국 유산을 소중하게 여기는 나이든 사람들은 영국 시골의 전원주택을 떠올리며 장미와 달리아, 국화를 정원 가득히 심어놓는다. 하지만 호주의 토질은 정원 가꾸기에 그리 적합하지 않다. 잔디도

호주 사람들은 기본적으로 정원을 가꾸는 삶을 산다. 정원은 주로 앞뜰에 꾸민다.

흔히 상상하는 초록색이 아닌 푸석푸석한 갈색에 모양도 듬성 듬성 자란다. 우리 집이 있는 퍼스 주변은 흙이 대부분 모래로 이루어져 있다.

호주 땅에 잘 적응해 자라는 외국 식물들은 대개 환경이 비슷한 남아프리카에서 왔다. 다행히 요즘은 토종식물 가꾸기가 유행하고 있다. 호주가 원산지인 식물로는 유칼립투스, 아카시아, 알록달록한 꽃이 피는 그레빌리아, 병솔나무, 뱅크셔, 캥거루발톱 등이 있고 이곳에선 장미보다 관리하기가 수월하다. 건조한 기후를 잘 견디므로 가끔만 물을 주면 잘 자란다.

토종식물 정원이 인기를 끄는 것은 호주 사람들이 드디어 영국과 유럽의 그늘에서 벗어나 본연의 자연환경과 생태계를 받아들이고 즐기게 되었음을 의미한다. 하지만 다른 나라에서 온 이민자라면 호주 땅에 맞는 식물 관리 요령을 익히느라 조금 고생을 할 것이다. 다음은 그들에게 필요한 팁이다.

- 호주 토종식물들은 영양분이 지나치게 많은 영양제를 좋아하지 않는다. 그 대신 영양분을 천천히 주입해주는 영양제를 뿌리에서 최대한 멀리 떨어진 곳에 놔두면 효과 있다.
- 1년이 채 안 된 아기 식물들에게는 잊지 않고 물을 챙겨줘야 한다. 뜨거운 여름날에도 물을 뿌려주는 것이 좋다. 하지만 평소에는 물을 자주 주지 말고 한 번 줄 때 깊숙이 스며들 만큼 주는 것이 효과적이다. 호주 토종식물들은 대부분 축축한 흙을 좋아하지 않으므로 물이 빨리 빠져나갈 수 있도록 화분을 기울여서 관리하는 것도 좋은 방법이다.
- 토종식물들은 자리를 옮겨 다니는 것을 좋아하지 않으므로 한 번 심으면 그 자리에 계속 놔두는 게 좋다.

- 대개 꽃을 피우려면 충분한 햇볕을 쪼여야 하지만 예외인 경우도 있다. 호주 토종식물에 관한 책을 구입해 읽으면서 각각의 식물에 대한 지식을 넓혀가기를 권한다.
- 호주에서 식물 심기에 적합한 시기는 늦가을부터 겨울까지이고 대부분은 봄과 초여름에 꽃을 활짝 피운다.
- 식물에 뿌리 덮개를 씌워주지 않으면 아름다운 정원을 가꿀수 없다. 우드칩은 숲지대 느낌을 내기에 그만이다. 줄기까지 덮어버리면 버섯이 자랄 수 있으니 조심한다.
- 웨스턴오스트레일리아 해안가 지역은 흙이 모래로만 이루어져 있다. 물빠짐이 너무 좋은 이런 흙에는 수분을 유지해주는 과립제를 사용하면 도움이 된다. 물이 뿌리까지 닿지 못하고 그냥 빠져나간다 싶으면 주방세제를 물에 타서 희석시킨 다음 흙에 살짝 뿌려주는 방법도 있다.

호주 사람들은 주로 앞뜰만 열심히 가꾼다. 앞뜰은 남들 눈

정원에 흔히 심는 꽃인 그레빌리아.

에도 비치는 공간인 만큼 아름답게 가꿔야 한다고 생각한다. 이웃이나 지나가는 사람들이 자신의 정원을 어떻게 바라볼지에 대해서도 굉장히 신경 쓰는 편이다. 타인의 눈을 그다지 의식하지 않는 호주 사람들이 정원에는 유독 공을 들이는 것이 재미있다. 그 반면에 뒤뜰은 바비큐 파티장이나 수영장과 놀이 공간, 그리고 온갖 잡동사니를 숨겨놓고 간단한 작업도 할 수 있는 창고 겸 작업장으로 쓴다. 자투리 공간에는 텃밭을 만들어 신선한 야채를 키우기도 한다.

## 불 꺼진 응접실

밤이 되면 호주 교외는 온통 고요하고 짙은 어둠에 휩싸인다. 거친 날씨 탓에 사람들이 집 밖으로 잘 나오지 않는데다 점점 높아져가는 범죄율도 밤거리를 더욱 으슥하게 만든다. 밤에 호주 교외가 유난히 어두운 이유로는 전통적인 호주 주택의 구조도 들 수 있다. 전통적인 호주 주택은 현관 옆에 거실이 있는데 평소에는 이 방을 거의 사용하지 않고 불을 꺼둔다. 이 공간은 영국의 응접실과 비슷해 가끔 격식을 차린 손님 맞이용으로나 쓸 뿐 가족의 생활공간으로는 쓰지 않는다.

거실 불을 항상 깜깜하게 꺼두는 또 다른 이유는 원치 않는 손님을 맞아들이지 않겠다는 의미이다. 호주 사람들은 겉으로는 굉장히 친절하지만 사적인 공간에 타인이 들어오는 것을 극도로 꺼린다. 호주인은 사생활이라는 개념을 중요하게 발전시킨 사람들이다. 이들의 진짜 생활은 집의 뒤뜰이나 부엌 근처 혹은 가족실에서 이루어진다. 편한 친구를 초대해서도 주로 뒤뜰이나 부엌 옆의 열린 공간에서 식사를 하지 거실로 데려가지는 않는다. 여름에는 테라스나 베란다, 뒤뜰, 바비큐 파티를 여는 파티오 근처, 수영장 안팎 등에서 사생활이 이루어진다.

### DIY 열풍

호주 사람들은 집 마당에서 정말 많은 시간을 보낸다. 집을 고치고 넓히고 다시 짓고 하는 일이 이들에게는 일상이다. 사람을 쓰려면 인건비가 많이 들기도 하지만 '집 주변에서 일하는 것'을 매우 남자다운 행동으로 보기 때문에 어느 집에서나 더러운 옷을 입고 톱이나 페인트 롤러 같은 것을 들고 일하는 남자들의 모습을 흔히 볼 수 있다.

당연히 DIY 산업도 아주 번성 중이다. 호주 사람들이 좋아하는 창고형 DIY 매장에 가보면 정원 온실을 만드는 온갖 재료들부터 물이 새는 수도꼭지를 고치는 작은 부품까지 집짓기와 꾸미기, 수리에 필요한 모든 것이 준비되어 있다.

### 애완동물

호주인은 영국인에게서 애완동물을 사랑하는 마음을 물려받았다. 특히 개를 향한 사랑이 유난한데, 주말에 공원에 가면 정말 많은 개들이 주인과 함께 산책을 즐기는 풍경을 볼 수 있다. 호주의 전형적인 개는 양치기나 소몰이를 하던 품종들로, 블루힐러와 켈피가 유명하다. 털이 부드러운 켈피는 보더콜리의 혈통을 물려받았다. 두 종 모두 걷거나 뛰기를 좋아하고 자기만의 공간을 필요로 한다. 늘 에너지가 넘치기 때문에 목줄을 푼 채 정원 밖으로 데리고 나가면 무슨 사고를 칠지 알 수 없다. 이 외에도 털이 긴 토이 강아지 오스트레일리안실키와 그레이하운드, 그리고 스코티시 디어하운드라는 사슴 사냥개를 교배한 캥거루 개도 있다. 캥거루 개는 예전에 농장 주변에서 '딩고'라고 불리는 들개와 캥거루들을 쫓아내는 일을 담당했다.

## 바비큐

호주인의 야외 활동에서 빠질 수 없는 것이 바로 바비큐 파티이다. 야외에서 맛있는 음식을 먹으며 좋은 사람들과 편하게 어울리는 것이야말로 호주인이 꿈꾸는 휴식이다. 바비큐 파티는 모닥불에 양철 주전자를 걸어 차를 끓여 마시던 옛날 개척자들의 숲 속 생활을 대리 체험하는 기회이기도 하다. 교외에 사는 남자들은 일부러 카우보이모자를 쓰기도 하고, 거친 오지도 헤쳐 달릴 수 있는 SUV를 몰고 나와 기분을 만끽한다.

집 뒤뜰에서도 가까운 지인들을 초대해 바비큐 파티를 곧잘 즐긴다. 호주 주택에서 뒷마당은 주로 남자들의 공간인데, 바비큐 파티를 위해 숯을 만들고 불을 피우고 고기를 굽는 것 역시 전적으로 남자의 역할이다. 여자들은 접시를 나르거나 샐러드 등의 음식을 만드는 일을 한다. 한편, 호주에서는 바비큐 Barbecue라는 단어를 정확한 철자로 쓸 일이 거의 없다. 광고나 초대장에서도 BBQ 혹은 BarBQ, 또는 Bar-b-que라고 짧고 재미있게 표현한다.

## 방문과 초대

영국에 비하자면 호주 사람들은 예고 없는 방문에 관대한 편이지만 남의 집을 방문할 때는 타이밍을 잘 맞춰야 한다. 내

불쌍한 친구는 호주에서 저녁 식사 시간을 뜻하는 '티타임' 직전에 친구 집에 들렀다가 가족들에게 많은 눈총을 받았다고 토로한 적이 있다. 그들은 물론 앉아서 예의바르게 이야기를 나누었지만 모두들 왠지 자신이 떠나기만을 기다리는 눈치였다는 것이다.

아시아나 지중해 섬나라에 살던 사람들에게는 이런 방문이 전혀 문제가 되지 않는다. 그들은 평소에도 친구나 지인을 초대해 가족과 함께 저녁 식사를 하는 경우가 많기 때문에 누군가 갑작스럽게 방문해도 자리에 앉혀 함께 저녁을 먹자고 청할 것이다. 하지만 전형적인 호주인에게 이런 상황은 낯설기만 하며 충동적으로 그 자리에 초대해 저녁 식사를 함께 하는 일도 없다.

남의 집에 초대를 받았다면 언제 도착하는 것이 좋을까? 호주인은 약속 시간을 잘 지키는 편이다. 만약 초대를 받아 시간 약속을 할 때는 말은 두루뭉술하게 하면서도 상대가 예측할 수 있는 정확한 시간을 제시하는 것이 좋다. 예컨대 "아마 늦어도 5시쯤 출발할 거야."라고 말하고는 정말 5시에 출발한다. 호주에서는 또 손님이 도착하자마자 차나 간식을 권하는 문화가 없다. 집 주인은 아마도 예정된 시간에 식사 자리로 안내할 것이다. 식사를 다 마쳤다면 먹은 그릇은 반드시 스스로 정리하고 설거지를 돕겠다고 나서는 것이 예의이다.

## 문제와 해결방법

### 수영장

호주에 온 많은 사람들이 수영장이 딸린 저택에서 살기를 꿈꾸지만 수영장을 늘 청결한 상태로 관리하는 일은 귀찮고 힘이 들 뿐더러 비용이 많이 들어간다. 물의 염소 수치와 pH 농도, 산과 알칼리 비율 등을 자주 체크해야 하고 펌프와 필터가 고장 나면 바로 교체해줘야 한다. 관리를 소홀히 하면 질병을 유발하는 박테리아가 번식할 수 있다. 그나마 수영장에서 시간을 보내던 자녀들마저 독립하고 나면 수영장은 그야말로 그림의 떡, 무용지물로 전락할 것이다.

### 나무

빽빽한 고층 아파트에서 살다가 호주로 이민 온 사람들은 앞뜰에 나무와 화초가 자란다는 사실만으로도 감탄을 금치 못한다. 하지만 꽃과 나무를 보기 좋게 관리하기란 그리 쉬운 일이 아니다.

호주를 대표하는 유칼립투스는 불이 쉽게 붙는다. 그래서 집 가까이에는 절대 심지 말고, 혹시나 집 주변에 떨어져 있을

웨스턴오스트레일리아 주에 많은 블랙보이.

지 모를 마른 나뭇가지도 정기적으로 정리해줘야 한다. 페이퍼바크 종류 중 몇몇은 나뭇잎에서 산성 물질이 나와 어린아이가 삼키면 위험하다. '블랙보이'라고 부르는 호주의 상징적인 관목들은 뿌리가 엄청 커서 넓은 땅에만 심어야 한다.

웨스트오스트레일리아에서 크리스마스트리로 즐겨 쓰는 오렌지색 꽃나무는 성장 속도가 매우 느리므로 다 자란 것을 가져다 심는다. 호주의 국화이기도 한 골든 와틀은 꽃이 무척 아름답지만 배수관 근처에 심으면 안 된다. 특유의 강인한 뿌리로 배수관을 파고들어 못 쓰게 만들기 때문이다. 강렬한 빨간 꽃이 아래로 흘러내리듯 피는 병솔나무는 꽃가루 알레르기와 천식을 유발한다. 열매를 맺는 나무들은 특히 더 세심한 보살핌이 필요하다.


위험한 벌레들

대부분 나무로 지은 호주 주택들은 흰개미로 인한 파손이 큰 골칫거리이다. 주기적으로 흰개미를 죽이는 스프레이를 뿌려줘야 하는데 그 안에 든 화학물질도 안전하지만은 않다. 해충소독업체는 매년 흰개미 살충을 권장하지만 5~10년에 한 번만 뿌려줘도 충분하다.

호주에는 2000여 종의 거미가 살고 있다. 정원이나 집 안에서 심심찮게 발견되는 거미들은 대부분 엄청난 독성이 있는 위험한 존재들이다. 호주 동부에 서식하는 깔때기거미의 경우 깔때기 모양 거미집을 만든다고 해서 그런 이름이 붙었는데, 세계에서 가장 위험한 독거미 중 하나로 꼽힌다. 물렸다면 즉시 해독제를 먹어야 한다.

서부에서 볼 수 있는 레드백 역시 치명적인 독이 있다. 레드백은 작고 반짝거리는 검은색 몸에 꽁지가 빨갛다. 울타리 꼭대기나 우편함 속, 정원 도구의 손잡이 부분에 몸을 숨기고 있는 경우가 많으므로 물건을 만질 때 조심해야 한다. 레드백에 물리면 굉장히 고통스러우며 잘못하면 목숨을 잃을 수도 있다.

호주에는 파리도 7000여 종이나 있다. 특히 시골이라면 사람의 코와 눈, 귀, 입까지 물기를 머금은 곳이라면 어디든 내려앉는 파리 때문에 고통스러울 것이다. 사람들은 이 귀찮은 파리를 집안에 들이지 않기 위해 모든 문과 창문에 철로 된 방충망을 설치한다. 호주 어디를 가든 파리가 있고 사람들은 파리를 쫓기 위해 습관적으로 머리 주변을 손으로 휘휘 젓는다.

## 빈집털이

한적한 호주 마을에서는 빈집털이 사고가 자주 일어난다. 평소 문단속을 철저히 하고 개를 키우면 도움이 될 것이다. 장기간 집을 비울 때는 보통 집 봐줄 사람을 구한다. 비용이 좀 들지만 도난경보기를 설치하는 것도 좋은 방법이다. 경보기를 누르면 가까운 경찰서로 자동 연결되는 제품이 인기 있다. 소리가 큰 경보기는 도둑을 겁먹게 할 수는 있겠지만 필요한 도움을 신속하게 요청하기는 어렵다. 움직임 감지 센서로 도둑의 침입을 사전에 파악하는 제품도 효과적이다. 만일에 대비해 경보기와 전화기를 침대 주변에 놓고 자는 습관을 들인다.

## 쓰레기

호주는 동네마다 쓰레기를 버리는 날짜가 정해져 있고 그 날짜를 놓치면 꼬박 일주일을 더 기다려야 한다. 대부분 가정은 2~3개의 쓰레기통을 두고 쓰는데, 하나는 진짜 쓰레기를 담고 다른 하나는 재활용이 가능한 종이류를, 나머지 한 개는 플라스틱이나 알루미늄 캔을 모은다.

정기적으로 부피가 많이 나가는 쓰레기를 수거해 가는 날도 있다. 이 날은 자동차 트레일러 한 칸에 들어갈 만한 쓰레기를 집 앞에 가져다놓으면 되는데 집집마다 안 쓰는 냉장고와 망가진 가구 등을 내놓는다. 정기적으로 나뭇가지를 수거해 가기도 한다. 벽돌과 시멘트 같은 건축 폐기물은 금지 품목이다. 한편 DIY를 즐기는 호주 사람들 중에는 동네를 돌며 쓸 만한 재활용품을 수집하는 이도 있다. 멀쩡하지만 더 이상 안 쓰는 물건을 집 앞에 내놓으면 누군가 동네를 돌아다니다가 가져갈지 모른다.

## 우편함

호주 집배원들은 오토바이를 타고 다니며 집집마다 설치해둔 우편함에 편지나 신문을 넣어두고 간다. 현관 앞까지 걸어와서 우편물을 놓고 가지는 않으므로 새 집을 지었다면 우편함은 꼭 만드는 것이 좋다. 광고 우편물을 받지 않으려면 우편함에 '광고 우편물 금지'라는 표지판을 걸어둔다.

## 난방

호주의 겨울은 그리 호되게 춥지는 않지만 차가운 바람에 대비해 울로 짠 스웨터와 조끼, 모자, 양말 등을 준비하는 것이 좋다. 밤에도 영상 10도 이하로 내려가지 않는 퍼스에서는 겨울에 난방을 트는 가장 큰 이유가 물을 따뜻하게 데우기 위해서다. 물론 더 남쪽에 자리한 멜버른이나 태즈메이니아의 겨울은 완전히 다르다.

1년 내내 강렬한 태양이 내리쬐는 호주는 태양열 에너지를 생산하기에 최적의 조건을 갖췄다. 태양열 에너지는 싸고 친환경적이며 효율적이다. 이미 많은 가정에서 태양열 난방 시설을 이용하고 있다. 가정마다 태양열 에너지로 전기를 생산하기도 하는데, 집에서 쓰고 남은 전기를 내다팔 수도 있다.

추운 겨울밤을 가장 로맨틱하게 보내는 방법은 물론 벽난로에 불을 지피는 것이다. 하지만 아무 나무나 꺾어서는 안 된다. 남동부에서 자라는 마호가니고무나무처럼 호주가 원산지인 나무들은 소중한 자연자원으로 땔감 사용이 금지되어 있다. 호주 사람들은 주로 가구나 합판 공장에서 사용하고 남은 조각과 덩어리들을 주문해서 쓰는데, 이런 자투리 재료는 값도 싸고 자연에 입히는 피해를 최소화하는 데도 도움이 된다.

## 앤티크 가구

호주로 오면서 값비싼 앤티크 가구를 가져왔다면 세심한 관리가 필요하다. 호주의 여름은 굉장히 건조해서 나무로 만든 가구들이 갈라지거나 뒤틀리기 일쑤이다. 이를 예방하기 위해 1년에 한 번씩 가구에 오일을 발라주는데, 보통은 아마씨 기름을 이용한다.

# 6
# 호주 음식
# 즐기기

우리는 행복한 베지마이트, 눈부시게 빛나지.
우리는 아침에도 점심에도 차를 마실 때도 베지마이트를 먹지.
엄마는 우리가 매일 무럭무럭 자란다고 했어요.

– 1950년대 광고에 쓰인 노래

## 호주의 전통 음식

호주에서 음식을 뜻하는 단어는 터커tucker이다. 지난 20년 간 호주에서 가장 큰 변화를 겪은 분야를 꼽는다면 바로 요리 일 것이다. 이탈리아와 그리스, 레바논, 중동, 중국, 인도, 베트남에 이르는 다양한 나라의 영향을 받으며 호주의 요리 문화도 꾸준히 진화하고 있다. 최근에는 아프리카 이민자가 늘어나면서 호주의 부엌이 또 한 번 변신을 거듭하고 있다.

호주의 전반적인 식문화는 충격과 공포 그 자체로 묘사되는 영국 요리의 영향을 받았다. 나도 영국에서 태어났지만 영국 음식은 요리라고 말하기에는 양심에 찔릴 정도로 형편없다. 오랫동안 호주에서 음식이란 소고기와 양고기를 함께 구운 다음 감자와 채소를 삶아 곁들여 먹는 것을 의미했다. 디저트로는 달콤한 커스터드 푸딩을 즐겼고 유제품 역시 식탁에서 빠지지 않는 단골 메뉴였다. 세계 어느 나라보다 축산업이 발달한 호주의 국민들은 육식 소비량이 엄청나고 그 결과 영국인처럼 비만 체형이 많아졌다. 이런 미식 문화는 오늘날 도시와 근교를 제외한 호주 전역에서 여전히 이어져 내려오고 있다.

21세기에 들어서기 직전 '현대 호주인'의 요리가 새롭게 주목받기 시작했다. 호주 특유의 다문화를 절충적이면서도 참신한 방식으로 받아들인 퓨전 음식이 그 중심에 섰다. 1997년 시드니에 있는 파라마운트 레스토랑에서는 표고버섯 소스와 생강즙을 뿌린 오리고기 파이를 신 메뉴로 선보였는데, 호주 음

호주는 육류 소비량이 엄청나다.

해산물도 풍부하며,
특히 굴은 세계적으로 유명하다.

호주에서 직접 기른 아보카도와 새우

식이지만 맛은 중국 음식 같고 보기에는 프랑스 음식 같다는 평을 받았다. 요즘은 참새우 요리와 캥거루 고기, 파파야가 한 접시에 담겨 있는 이색적인 장면도 흔히 볼 수 있다. 원주민의 건강식인 '부시터키'를 먹자는 운동과 맞물려 이런 실험적인 요리들은 더욱 빠르게 확산되고 있다.


## 아시아 요리의 영향

오늘날 호주에서는 아시아 요리를 정말 다양하게 접할 수 있다. 중국식 프라이팬부터 고춧가루, 인도 고유의 향신료들까지 아시아 식재료만을 전문으로 취급하는 곳도 있다. 내가 사는 퍼스에서도 차를 타고 교외로 10분만 가면 아시아 식료품 가게가 두 곳이나 있다. 또 어느 도시에나 있는 '국제음식센터'에 가면 더 오래 전부터 호주 요리에 영향을 미쳐온 이탈리아와 그리스, 레바논의 식재료들을 구입할 수 있음은 물론이고 세계 여러 나라의 미각과 풍미를 느낄 수 있는 음식점들이 널려 있다. 보통 중국 음식은 광동식과 북경식 메뉴 중 한 가지만 전문으로 하는 곳을 고를 수 있다. 그 옆에는 레바논식 케밥 가게가 있고, 말레이시아 꼬치 요리와 인도네시아 볶음밥, 태국식 해산물 요리를 파는 음식점이 줄지어 있는 식이다. 베트남 쌀국수 집과 일식집, 인도 커리 전문점도 물론 있다.

호주에서 만나는 아시아 요리는 각국의 고유한 맛을 정확하게 내기보다는 현지 입맛에 맞춰 변형된 것들이 많다. 호주의 대표적인 서민 요리인 '피시앤칩스'를 파는 평범한 식당들도 이런 변화에 동참하고 있는데, 아시아인이 운영하는 가게라면 그만의 방식으로 피시앤칩스를 만들고 그리스식 오징어 튀김이나 중국식 스프링롤, 인도식 사모사 등도 함께 메뉴판에 올려놓고 판매할 것이다. 영국에서 건너온 피시앤칩스는 원래 소금과 후추, 식초를 잔뜩 뿌린 생선튀김과 감자튀김을 신문지에 싸서 호호 불어가며 먹어야 제 맛이지만 이런 전통 방식을 고수하는 집은 이제 거의 찾아보기 어렵다.

## 패스트푸드 마니아

제2차 세계대전이 끝나고 호주에 들어온 음식 중에는 반갑지 않은 것도 있었다. 바로 패스트푸드이다. 호주 사람들은 피시앤칩스부터 테이크아웃이 되는 중국 요리까지 포장배달 음식을 과도하게 즐겨 먹는 편으로, 평균적으로 일주일에 4~5번은 이런 식사를 한다. 호주의 패스트푸드 소비량은 1인당 소비 기준으로 봤을 때 미국과 캐나다, 영국 다음으로 많은 세계 4위이다. 전체 외식비의 40퍼센트를 패스트푸드가 차지하고 한 가족 식비 중에 8퍼센트를 정크푸드 구매에 써버린다.

이런 추세가 계속된다면 2020년에는 호주 인구의 80퍼센트가 비만일 것이라는 다소 우려 섞인 예상도 나온다. 어린이들의 상황은 더 심각하다. 호주의 소아 비만율은 20년 전 10퍼센트에서 현재 25퍼센트로 급격하게 증가했다(성인 비만율은 38퍼센트이다). 다른 나라와 마찬가지로 장시간 텔레비전과 컴퓨터 앞에 앉아 있는 현대인의 생활 패턴도 비만 급증의 원인으로 꼽힌다. 호주는 세계에서 시간 당 가장 많은 정크푸드 광고를 텔레비전에 내보내는 나라이기도 하다.

최근 들어 건강식을 추구하자는 사회적 운동이 힘을 얻고 있는 것은 다행스럽다. 1996년 조사에서 호주인 대부분은 패

- 호주 성인의 절반 이상은 과체중이거나 비만이다(2007~08).

- 호주 어린이의 20~25퍼센트는 과체중이거나 비만이다. 소아 비만율은 특히 다문화 영향을 급속도로 받은 1980년대 중반부터 꾸준히 증가하고 있다.

- 2006년에 학교 밖에서 스포츠를 하는 5~14세 어린이는 63퍼센트에 불과했다.

- 남성의 비만율(68%)이 여성(55%)과 노인 그리고 시골에 사는 사람의 비만율보다 높다.

- 호주 정부는 매일 최소 2가지 과일과 5가지 채소를 먹을 것을 권장하고 있지만 2007년 조사에서 과일을 제대로 챙겨 먹는 성인은 54.5퍼센트, 채소를 잘 챙겨 먹는 성인은 10.7퍼센트에 불과했다.

- 비만은 보험료 지출과 생산성 저하 등을 초래해 매년 호주 정부에 엄청난 재정 부담을 안긴다. 2010년에는 그 규모가 377억 호주달러(약 34조 7000억 원)에 달했다.

스트푸드나 정크푸드를 먹고 나면 심한 양심의 가책과 후회를 느낀다고 응답했다.


## 장바구니 목록

지난 15년 사이 호주에서는 매일 아침 집 앞까지 우유를 배달하던 우유 배달부의 모습은 사라지고 전화번호부에 셀 수도 없이 많은 피자 전문점이 등록되었다. 호주 사람들은 주로 대형 마트나 그로어스 마켓에 가서 식료품을 산다. 일주일에 한 번은 대형 마트에 가서 카트 가득히 음식을 사다가 냉동실에 저장해놓고 먹는 패턴은 미국인들과 참 비슷하다.

호주인의 장바구니에는 달걀과 고기, 채소, 커스터드용 가 호주는 지역에 따라 상점 운영시간이 제각각이다. 동부에 위치한 큰 도시에서는 밤늦게 또는 주말에도 쇼핑이 가능해졌지만 어느 지역에 사느냐에 따라 상황은 수시로 달라질 것이다. 몇 년 전만 해도 호주에서는 오후 5시 반 이후에 문을 여는 상점을 거의 찾아볼 수 없었다. 직장인들이 쉬는 주말에도 영업을 하지 않아 지역마다 평일에 하루를 '야간 쇼핑의 날'로 정해놓고 이용하기도 했다. 하지만 요즘은 주마다 상점 영업시간에 대한 규제를 느슨하게 고치는 추세이다. 웨스턴오스트레일리아의 경우 2012년 중반부터 일요일에도 가게 문을 열 수 있도록 관련 규정을 바꾸었다.

루, 절인 양파 그리고 각종 통조림이 빠지지 않는다. 특히 유제품 섭취량이 많은 편인데, 1년에 1인당 우유 103리터와 치즈 12.7킬로그램을 먹는 것으로 나타났다. 다행이 야채 섭취량도 꾸준히 늘고 있지만 여전히 낮은 편이기는 하다. 무엇보다 호주인은 엄청난 양의 고기를 먹는다. 2010~11년 통계에 의하면 호주인이 가장 사랑하는 소고기 섭취량은 1인당 연간 33킬로그램에 달하며 온 국민이 1년에 무려 67억 호주달러를 소고기 구입에 썼다.

## 베지마이트

호주를 대표하는 음식을 단 하나만 꼽으라면 사람들은 주저 없이 베지마이트 Vegemite를 댈 것이다. 베지마이트는 야채와 소금을 넣고 이스트로 발효시킨 스프레드 잼으로, 주로 빵에 발라먹는다. 1920년대에 처음 만들어졌으며 당시는 '압축 이스트 추출물'이라고 불렸다. 영국을 대표하는 잼 마마이트 Marmite와 경쟁하기 위해 만들어졌는데, 처음에는 파월 Parwill이라는 이름으로 소개되었다.

베지마이트는 호주인의 필수품으로 영국의 따뜻한 맥주나 동남아시아의 열대과일 두리안과 같은 존재감이 있다. 어두운 갈색에 찐득찐득한 스프레드 잼을 노란색과 빨간색이 섞인 고유한 상표를 붙인 유리병에 담아 판매하는데, 처음 먹어본 사람들은 하나같이 그 짠 맛에 놀란다. 주재료가 이스트이다 보니 효모 맛도 살짝 배어 있다.

호주인에게 베지마이트는 물과 공기처럼 당연한 존재이다. 베지마이트를 싫어하거나 먹지 않는 사람은 진정한 호주인이라고 할 수 없다. 물론 김치를 좋아하지 않는 한국인이 있듯이 베지마이트를 썩 좋아하지 않는 호주인도 있지만 말이다.

베지마이트의 포장 뒷면에는 주재료가 적혀 있다. 효모추출물, 무기질, 소금, 맥아추출물, 천연색소, 야채추출물, 비타민, 티아민, 리보플래빈, 니아신 등이다. 포장지에는 베지마이트 5g이면 하루에 필요한 비타민 B1과 리보플래빈, 니아신의 절반이 충족된다는 문구도 적혀 있다.

## 미트파이

고기를 유난히 좋아하는 특성을 보여주듯 고기와 채소를 잘게 다져서 빵 안에 넣어 먹는 미트파이도 대표 음식으로 자리 잡았다. 호주 사람들은 미트파이를 식사 대용으로 먹기도 하고 이동하면서 후다닥 먹는 간식으로도 즐긴다. 애들레이드에서는 파이 플로터 메뉴가 유명한데, 미트파이와 콩 위에 걸쭉한 그레이비 수프를 부어준다. 미트파이는 분명 호주의 대표 음식이지만 호불호가 갈리는 편이고 계속 먹어야 진정한 맛을 느낄 수 있다. 호주인은 평균적으로 1년에 12개의 미트파이를 먹는다.

## 토속 음식

호주에서만 먹을 수 있는 다양한 토속 음식도 있다. 요즘은 보기 힘들어진 퍼프터룬puftaloon(부푼 도넛이라는 뜻)은 밀가루 반죽을 튀겨 스콘 모양으로 만든 도넛인데, 튀기는 과정에서 반죽이 빵빵하게 부풀어 오른다. 주로 당밀이나 꿀을 부어서 먹는다. 퍼프터룬의 역사는 1853년으로 거슬러 올라간다. 고기가 부족하고 가난했던 시절에 배를 채우기 위한 음식으로 즐겨 먹었는데, 콜레스테롤에 대한 두려움이 없던 시절이었으니 양기름이나 소기름에 튀기기도 했다.

피시앤칩스 가게에서 흔히 파는 스낵 중에 치코롤Chiko Rolls이라는 것도 있다. 옥수수와 감자, 그레이비소스를 넣은 동그란 기둥 모양의 빵을 바삭하게 튀긴 것으로, 호주인에게는 베지마이트만큼이나 친근하고 인기가 높은 간식이다. 또한 귀리에 시럽과 코코넛을 묻혀 만든 앤잭 비스킷Anzac Biscuit이 있는데, 제

호주 사람들이 즐겨 먹는 간식들. 왼쪽 위부터 시계 방향으로
베지마이트를 바른 토스트, 미트파이, 래밍턴 케이크, 앤잭 비스킷.

1차 세계대전 당시 갈리폴리 전투에 참전한 호주 군인들이 고향에서 보내준 이 과자를 감격하며 먹었다고 해서 그렇게 이름 붙었다.

## 과일

호주에서 나는 과일은 대부분 외국에서 들여온 품종이다. 호주인은 지역 농장을 활성화시키기 위해 이왕이면 제 고장에서 재배된 채소와 과일을 즐겨 먹는다. 이곳에서는 포포<sup>pawpaw</sup>라고 부르는 파파야를 비롯해 바나나, 파인애플, 아보카도, 망고 등의 열대과일은 퀸즐랜드와 같은 북부 지방에서만 자란다. 가장 많이 생산하는 과일은 감귤류와 사과이다. 특히 태즈메이니아에서 자란 사과가 유명하고, 1970년대 웨스턴오스트레일리아에서 처음 재배한 핑크레이디 사과는 아삭아삭한 식감으로 영국을 비롯한 해외에서도 인기가 많다. 계절마다 나오는 핵과 과일도 다양하다. 털이 없는 승도복숭아와 복숭아, 살구가 특히 맛이 좋고 시골 마을을 지나다 보면 집에서 기른 딸기와 라즈베리를 내놓고 파는 곳도 많다. 또한 호주에서 기른 아보카도를 아주 싼 가격에 살 수 있다.

## 외식

호주의 외식 문화에서 가장 독특한 점은 BYO 현상이다. 이 말은 'Bring Your Own'의 약자로, 식사하면서 자신이 마실 술은 직접 가져오라는 뜻이다. 호주 음식점들은 주류 판매 허가를 받은 곳이 많지 않기 때문에 손님이 술을 가져와서 마시도록 허락하고 있다. 그래서 호주에서는 가족이나 친구들과 어울려 외식을 하러 갈 때 먼저 주류 판매점에 들러 와인 등을 고르는 문화가 있다. 대부분의 음식점은 인원수나 병에 따라 코키지 비용을 청구하는데 그 값이 천차만별이니 사전에 확인하는 것이 좋다.

호주는 음식점들도 일찍 문을 닫는다. 팁은 따로 내지 않아도 되며, 물은 손님이 청하지 않으면 주지 않는다. 음식량은 놀랍도록 많다. 호주인 대부분은 고급 레스토랑에서 나오는 손바닥 크기의 음식은 말도 안 되는 양이라고 생각한다. 술을 주로 파는 펍에서도 의외로 가격 대비 훌륭한 음식을 먹을 수 있다.

### 더치페이

호주 사람들은 술집을 통틀어 펍이라고 부른다. 펍에서는 여럿이 온 손님들이 돌아가며 소리를 지르고 술을 원샷에 마시는 '샤우팅 shouting' 광경을 종종 볼 수 있다. 그런데 이렇게 신나게 놀고 나서도 음식

> **술만은 안 팔아요**
>
> 술을 파는 음식점에서도 와인 한 잔만 주문하는 것은 거의 불가능하다. 대부분 지역에서 술은 반드시 음식과 함께 판매해야 한다는 규정을 만들었기 때문이다.

값은 공평하게 나눠서 내는 경우가 많다. 더치페이를 당연하게 받아들이는 호주 사람들은 내가 먹은 음식값을 남이 내거나 다 같이 먹은 음식값을 한 명이 부담하는 것은 부당하다고 생각한다. 남녀 간 데이트에서도 남성이 여성이 먹은 음식값까지 계산하는 일은 흔치 않다. 만약 그렇다면 엄청난 호감의 표시이거나 다른 꿍꿍이가 있는 것이다.

'한턱내는' 문화에 익숙한 아시아와 남유럽 사람들은 매번

공평하게 음식값을 나눠 내려고 하는 호주인을 잘 이해하지 못할 것이다. 독립심이 강한 호주인이 가장 싫어하는 것은 바로 빚지고 있다는 기분이다. 그리고 누군가에게 빚을 지고 사는 것은 곧 자신의 자유를 빼앗기는 것으로 생각한다.

호주는 외식과 펍 문화가 발달했다. 어디를 가나 여럿이 어울려 즐겁게 음식을 즐기는 모습을 볼 수 있는데, 계산은 보통 각자 한다.

음식량은 깜짝 놀랄 만큼 많다.

호주 어디를 가든 메뉴판에서 결코 빠지지 않는 것은 생선과 해산물이다. 참새우와 깨끗한 강에서 자란 민물가재는 정말 맛있다. 바라문디와 달고기 등 호주를 대표하는 생선들도 훌륭하다. 안타깝게도 호주의 해산물 가격이 꾸준히 오르고 있지만 머드 크랩은 비싼 돈을 내고 먹어도 전혀 아깝지 않을 것이다. 굴도 세계적으로 유명하다. 메뉴에는 종종 버그<sup>Bug</sup>라는 단어가 적혀 있는데, 여기에서 버그는 벌레가 아닌 크기가 작고 랍스터와 비슷하게 생긴 해산물을 말한다. 주로 모어턴 만이나 남쪽의 발메인 지역에서 잡힌다.

영국에서 건너온 요크셔 푸딩도 인기 메뉴이다. 호주 사람들이 인정하는 몇 안 되는 영국 음식 가운데 하나인데, 주로 메인 요리에 곁들여 나온다. 계란과 우유, 밀가루를 적절히 섞어 짭짤한 맛을 내며, 바삭바삭하고 따뜻할 때 먹어야 제 맛이다. 요크셔 푸딩보다 흔한 스테이크 키드니 푸딩도 맛있다.

과일과 야채가 풍부한 호주에서는 신선한 샐러드도 즐겨 먹는다. 맛뿐 아니라 건강까지 챙길 수 있는 훌륭한 음식이니 호주 식탁에서 빠지지 않는다. 호주 사람들은 특히 비트를 좋아해 샐러드에 꼭 넣어 먹는다.

호주인 중에 바비큐를 좋아하지 않는 사람을 본 적이 없다. 야외에 그릴을 가져다놓고 고기와 소시지 등을 지글지글 구워 먹는데, 주말이나 휴가 시즌에는 어디서나 바비큐 파티가 열리는 모습을 볼 수 있다. 또한 고기 굽는 냄새가 사람을 끌어 모으기 때문인지 자선단체의 모금 행사나 새로 문 연 가게를 홍보할 때 소시지 시즐<sup>Sausage Sizzle</sup>이나 BBQ를 이벤트 아이템으로 활용하기도 한다.

호주 사람들은 디저트도 다양하게 즐긴다. 가장 잘 알려진 메뉴는 파블로바와 래밍턴 케이크이다. 파블로바는 1935년 당시 프리마 발레리나였던 안나 파블로바를 위해 그녀가 묵었던 프리맨틀의 에스플라나드 호텔에서 처음 만들었다고 알려졌다. 머랭과 생크림, 과일이 어우러져 환상적인 맛을 낸다. 래밍턴 케이크는 1900년대에 퀸즐랜드에서 처음 만들었다. 스펀지케이크 사이에 라즈베리 잼을 바르고 케이크 위에는 초콜릿 아이싱을 얇게 바른 다음 잘게 자른 건조 코코넛을 뿌린다. 맛은 물론 훌륭하다.

### 크리스마스 음식

푸른 하늘에 태양이 이글거리고 기온은 섭씨 40도를 육박하는 한여름에 크리스마스를 맞이하는 호주는 영국식 전통 풍습을 지키고 있다. 크리스마스가 되면 떨어져 살던 가족들이 모두 모여 속을 꽉 채운 칠면조 요리와 건포도를 넣은 푸딩을 먹는다. 최근에는 크리스마스 디저트로 아이스크림 케이크를 먹는 가정도 늘고 있고, 칠면조 요리 외에 샐러드나 퓨전 음식을 식탁에 올리기도 한다.

### 차茶 문화

호주의 차 문화는 영국을 닮았다. 영국인처럼 차에 우유와 설탕을 부어서 마시며, 기호에 따라 차를 따르기 전이나 후에 넣는다. 최근에는 젊은 세대를 중심으로 차 대신 커피를 마시는 문화가 유행처럼 번지고 있다. 머지않아 커피 섭취량이 차

섭취량을 추월할 것이다. 오늘날 호주인은 평균적으로 1년에 0.5킬로그램의 차를 마신다. 1인당 차 섭취량 순위에서 영국이 7위를 차지한 데 비해 호주는 55위에 이름을 올린 것만 봐도 차 마시는 인구가 급격히 줄어들고 있음을 알 수 있다.


## 부시터커

부시터커는 약초와 과일, 씨앗, 고기 등 호주의 자연에서 저절로 나는 재료를 이용한 호주 원주민의 전통음식을 말한다. 최근 자연주의 삶에 관심이 많은 호주인들이 패스트푸드에 지친 몸을 회복시키는 건강식으로 주목하며 각광을 받고 있다.

초기 백인 정착민들은 호주로 올 때 그들이 먹던 음식과 재료를 가지고 왔다. 원주민의 음식에 관심을 갖거나 이 땅에서 밭을 가꾸고 농작을 일구려는 노력은 기울이지 않아 곧 극심한 배고픔에 시달렸다. 현지 삶에 대한 무지함으로 백인들은 굶어서 죽거나 심지어 음식 때문에 살인을 저지르기도 했다. 그 반면에 땅과 자연에 관한 지식을 온몸으로 체득하고 있던 원주민은 다양한 재료에서 독성을 제거하고 요리하는 방법을 알고 있었다. 모든 재료를 땅에서 얻었으니 설탕과 밀가루를 바탕으로 한 서양 요리보다 몸에도 좋았음은 물론이다.

만약 호주 오지에서 길을 잃었을 때 원주민이 먹는 음식에 대해 잘 알고 있다면 살아남을 열쇠를 하나 쥐고 있는 것과 같다. 부시터커는 그 종류만 해도 3만 가지가 넘는다고 알려졌는데 그중 30~40가지 요리만이 현대 호주인에게 소개되었다. 동부 대도시에서는 부시터커 메뉴를 파는 곳을 쉽게 찾을 수 있다.

자연에서 막 얻은 것으로 요리를 해먹는 부시터커가 오늘날 바비큐 문화를 낳았다.

호주 원주민은 씨앗과 양치식물, 야생 과일을 비롯해 큰도
마뱀과 같은 야생동물도 잡아먹는다. 버팔로와 캥거루, 낙타,
악어는 이제 서양식 요리 재료로도 널리 쓰여 더 이상 부시터
커라고 할 수도 없다. 흔히 먹는 요리로는 낙타나 캥거루 고기
를 넣은 미트파이가 있다. 캥거루와 에뮤처럼 악어도 지방과
콜레스테롤이 적은 건강식으로 각광받는다. 악어는 질감이 닭
고기와 비슷하고 맛은 송아지 고기와 흡사하다.

일부 지역에서는 레몬주스처럼 톡 쏘는 맛이 나는 초록색
개미를 먹기도 한다. 또 하나, 호주 원주민의 이색적인 식재료
로 잘 알려진 것은 꿀벌레큰나방 애벌레이다. 애벌레를 산 채
로 먹기도 하고 요리를 해서 먹기도 하는데 단백질이 아주 풍
부하다. 많은 사람들이 처음에는 눈살을 찌푸렸지만 애벌레가
건강식으로 좋다는 사실이 알려지면서 이를 찾는 미식가도 늘
어나고 있다.

요즘은 레스토랑 메뉴판에도 부시터커 요리가 곧잘 등장하

고, 캔에 포장된 것을 슈퍼마켓에서 팔기도 한다. 호주 서점에 가보면 부시터커를 소개한 요리책을 대여섯 권은 쉽게 구할 수 있다.

## 맥주

호주 사람들은 맥주를 좋아한다. 전통적으로 맥주를 즐겨 마셨고, 지금도 세계에서 맥주를 가장 많이 마시는 나라 10위권에 들 정도로 인기 있는 술이다. 맥주 종류는 굉장히 많지만 대부분 다섯 개 회사에서 생산하고 있다.

빅토리아 주에서 만드는 포스터스 라거는 해외에도 잘 알려진 브랜드이다. 이밖에 퀸즐랜드 주에서 만드는 캐슬매인즈 XXXX('포엑스'라고 부른다), 웨스턴오스트레일리아 주의 스완 라거, 빅토리아 비터(VB), 칼톤, 에뮤 비터 그리고 작은 독거미 이름을 딴 레드백이 있다. 애호가들 사이에서는 리틀 크리에이처스와 같은 부티크 맥주도 인기다.

호주 맥주는 알코올도수가 높은 편이다. 특히 일부 펍에서 직접 제조해 파는 하우스맥주는 시중에 유통되는 맥주보다도 훨씬 세므로 한 잔만 마시고 운전해야지, 하는 생각이랑 말아야 한다. 음주단속을 매우 철저히 하는 호주에서는 술집 벽에 자가 음주 테스트기를 붙여놓은 모습도 종종 눈에 띈다.

## 와인

호주는 질 좋고 가격도 합리적인 와인을 마음껏 즐길 수 있는 나라이기도 하다. 세계 7위 와인 생산국으로 꼽히는 호주

산 와인에 대한 해외의 평가도 갈수록 좋아지고 있다. 특히 호주 와이너리에 투자하는 프랑스인과 일본인 비중이 점차 늘어나고 있다는 사실은 호주산 와인의 품질을 증명하는 좋은 예이다.

호주 와인 시장을 이끄는 유명 브랜드로는 윈드햄 에스테이트, 울프 블라스, 세펠트, 하디 브로스, 펜폴즈, 올란도, 린드만스 등이 있다. 웨스턴오스트레일리아의 루윈 에스테이트와 바스 펠릭스 같은 지방 특산 와인도 꾸준한 인기를 끌며, '부티크'라고 부르는 개인 소유의 작은 포도농장에서도 개성 있는 와인을 생산한다. 나는 개인적으로 비교적 잘 알려지지 않은 웨스턴오스트레일리아의 이반스와 테이트, 켈렌의 포도원에서 나온 와인을 즐기는 편이다.

지역 명으로 와인 이름을 짓는 여느 유럽 국가들과 달리 호주는 포도 품종 이름을 따르도록 법으로 정하고 있다. 호주 와인의 특징 중 하나는 실험정신을 발휘해 여러 품종의 포도를

호주는 세계 7위의 와인 생산국이다.

섞어 만든다는 것이다. 대체로 과일 맛이 강하고 부드러워 초보자가 즐기기에도 부담 없다. 사람들 입맛에 두루 맞는 와인으로는 헌터 밸리와 쿠나와라의 레드와인, 바로사 밸리의 화이트와인, 마가렛 리버의 까베르네 쇼비뇽과 메를로 그리고 동부 지방의 샤도네이를 추천한다. 까베르네 쇼비뇽과 메를로를 블렌딩한 와인도 인기가 많고 쇼비뇽 블랑-세미용 블랜드 역시 훌륭하다.

1950년산 펜폴즈 그랜지 에르미타지는 호주산 와인 중에서 가히 최고급으로 평가받는다. 사우스오스트레일리아 주에서 생산한 시라즈 와인으로 소장 가치가 뛰어나 투자 목적으로 구입하려는 사람도 있다. 한 가지 더 추가할 팁은, 호주에서 와인을 고를 때 되도록 샴페인(또는 스파클링 와인)은 피하라는 것이다. 호주에서 만든 샴페인은 질이 좀 떨어지는 편이라 그들도 프랑스에서 많은 양을 수입해 먹고 있다. 정 호주 샴페인에 도전해보고 싶다면 핑크 스파클링 와인을 추천한다.

# 7

# 호주의 문화와
# 여가생활

나는 뱀의 어머니에게서 태어났네.
나는 무지개 자손이라네.

– 제프리 구루물 유누핑구의 노래 가사

## 호주 예술의 흐름

호주에 대한 가장 큰 오해 중 하나는 무식하고 교양 없는 나라라는 것이다. 하지만 외부에 잘 비치지 않을 뿐 호주의 문화와 예술은 꾸준히 발전해왔다. 특히 호주의 전통 예술은 마치 생태계처럼 다른 문화권과 동떨어져서 진화했기 때문에 그만의 고유한 스타일과 형태를 창조해냈다. 물론 호주 사람들이 본토의 이런 예술적 업적을 진정으로 이해하며 감상할 줄 아는가는 또 다른 문제이다.

호주의 예술작품은 오늘을 사는 평범한 중산층의 생활상이나 그들이 공감하는 내용을 다루지 않는다. 그보다는 천혜의 땅과 자연환경 그리고 개척자 조상들이 거친 자연과 싸워 일궈낸 역사를 조명하는 데 집중해왔다. 오늘날 호주 예술은 정체성을 지키지 못하고 점점 미국 흐름을 쫓아가고 있다는 비판도 있다. 실제로 예전에는 많은 예술가와 작가들이 영국 런던으로 건너가 활동하는 추세였지만 요즘 자신감 넘치는 젊은 세대들은 미국을 중심으로 활동 영역을 넓히려 한다. 한편 최근에는 환경과 페미니즘, 원주민 인권 문제가 사회적으로 이목을 끌면서 예술계에도 상당한 영향을 끼치고 있다.

호주에는 또한 지역을 중심으로 활동하는 예술가도 많다. 어쩌면 진정으로 생명력 넘치고 풍부한 예술 활동은 대도시에서 펼쳐지는 빅 이벤트가 아니라 작은 동네의 허름한 극장이나 우연히 들른 장소에서 마주치게 될지도 모른다. 조금만 관심을 기울이면 호주 어디에서나 숨어 있는 보석을 발견할 수 있을 것이다.

## 미술

고대 원주민의 신성한 토속 예술이 백인 예술가들의 작품에 영향을 미치기까지는 오랜 시간이 걸렸다. 제2차 세계대전 이전까지는 사실상 교류 자체가 없었다. 1989년 호주국립박물관의 건립 7주년을 맞아 개최된 원주민 예술 전시회는 많은 호주인에게 원주민 예술을 새로운 시각으로 마주하게 한 전환점이 되었다.

초기 식민지 시대의 화가들은 호주의 거친 풍경을 유럽풍으로 아름답게만 그리려고 노력했다. 하지만 1850년대 골드러시 시대의 화가들은 호주의 자연을 있는 그대로 화폭에 담기 시작했다. S. T. 길과 톰 로버츠 같은 작가가 대표적이다. 인상주의와 입체주의, 초현실주의 등 혁명적인 예술사조가 유럽을 휩쓸었던 1920~30년대에도 호주 화가들은 비교적 보수적인 그림을 고집했다.

1950년대에 노엘 쿠니한과 조시 버그너 같은 화가는 이민자와 노동자의 고달픈 삶을 사회적 사실주의 기법으로 적나라하게 묘사했는데, 이런 그림은 이전보다 더 '호주스럽다'는 평가를 받았다. 1960~70년대에는 미국에서 시작된 아방가르드 물결의 영향을 크게 받았으나 피터 부스와 같이 신표현주의 기법으로 무섭고 기괴한 그림을 그린 화가도 있었다.

해외에서 이름을 떨친 호주 화가로는 시드니 놀런을 꼽을 수 있다. 그는 평생 동안 여러 가지 스타일의 회화를 발전시켰

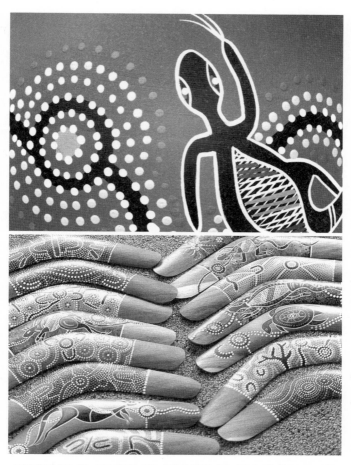

원주민들이 즐겨 쓰는 도트 페인팅 기법. 호주 민예품들에서 이런 패턴을 쉽게 볼 수 있다.

는데, 제2차 세계대전 이전에는 추상화를 주로 그렸지만 전쟁이 끝난 후 갈리폴리 전투를 비롯해 탐험가 버크와 윌즈, 무법자 네드 켈리 등 호주 역사의 결정적 장면들을 화폭에 옮겨 담아 세계적인 주목을 받았다.

호주를 대표하는 예술도시로는 멜버른과 시드니가 소리 없는 경쟁을 펼치고 있다. 멜버른은 1850년대에 빅토리아 주에서 금광이 발견되면서 부자 후원자들을 등에 업고 예술도시로 급성장했다. 1861년에 호주 최초의 공공미술관인 빅토리아국립미술관이 멜버른에서 문 열었고 전시 규모를 꾸준히 늘려 지금은 건물 두 동에서 작품을 나눠 전시하고 있다. 시드니에는 1875년에 뉴사우스웨일스주립미술관이 들어섰다. 특히 식민지 시대의 호주 미술작품을 감상하고 싶다면 이곳에 가봐야 한다. 한편 캔버라도 미술 발전에 중요한 역할을 했는데, 1982년 호주국립미술관이 문을 열면서 호주 회화에 한차례 붐이 일어났다.

## 영화

제2차 세계대전 이후 호주의 영화 산업은 한동안 이렇다 할 성과를 보여주지 못하다가 1970년대에 고프 휘틀럼 총리가 호주영화진흥원(훗날 호주영화협회로 개명)을 설립한 것을 계기로 깊은 잠에서 깨어난다. 협회는 국립 영화제작소인 필름오스트레일리아를 만들고 그밖에 다른 영화들도 지원했다. 이런 분위기가 창작자들을 자극해 새로운 부흥기를 맞았는데, 호주의 영화감독과 제작자들이 독특한 스타일로 세계적인 인정을 받기 시작한 것도 이때부터다.

호주 영화계를 대표하는 거장으로는 「갈리폴리」「죽은 시인의 사회」「트루먼 쇼」등을 만든 피터 위어 감독이 있다. 「드라이빙 미스 데이지」「더블 크라임」「에블린」등의 영화를 만든 브루스 베레스포드 감독도 유명하다. 뉴질랜드에서 태어난 호주의 여성 감독 제인 캠피온은 어둡고 신비로운 영화 「피아노」로 1993년 칸영화제에서 작품상을 받았다. 그는 1997년에 니콜 키드먼이 주연한 비슷한 분위기의 영화 「여인의 초상」으로 또 한 번 화제를 낳았다.

호주 출신 영화배우로는 주디 데이비스와 레이첼 그리피스, 샘 닐, 잭 톰슨, 휴고 위빙, 휴 잭맨 그리고 「다크 나이트」의 조커 역을 연기한 뒤 안타깝게 생을 마감한 히스 레저가 있다. 케이트 블란쳇은 「오스카와 루신다」 「엘리자베스」 등에 출연하며 세계적인 배우로 거듭났고 「벤자민 버튼의 시계는 거꾸로 간다」에서 브레드 피트의 상대역을 맡기도 했다. 호주 출신으로 미국 오스카 트로피를 거머쥔 배우도 여럿 있는데 니콜 키드먼과 러셀 크로우, 제프리 러시, 멜 깁슨, 토니 콜레트, 재키 위버 등이 기억에 남는다.


## 연극

호주는 1975년 호주예술위원회를 설립하고 연극을 비롯한 다양한 예술 활동도 적극적으로 지원했다. 데이비드 윌리엄슨은 호주에서 가장 유명하고 부지런한 극작가이다. 그가 집필해 무대에 올린 연극만도 30여 작품에 달하는데, 주로 평범한 중산층 호주인의 삶을 그린다. 대표작으로 「리무벌리스트The Removalists」와 「트래블링 노스Travelling North」가 있다.

지금까지 호주에서 가장 성공을 거둔 공연물은 엔터테이너 그룹 위글스가 출연한 어린이 공연이었다. 위글스는 2012년에 은퇴하기까지 무려 21년 동안 전 세계를 돌아다니며 공연을 펼쳤다. '공룡 도로시'와 같이 귀엽고 사랑스러운 캐릭터, 밝고 커다란 동작, 잘 짜인 극본으로 호주는 물론 전 세계 어린이들과 부모들의 마음을 사로잡았다. 평범했던 위글스 멤버들은 이 공연으로 일약 슈퍼스타의 삶을 살았는데, 연간 수익이 5000만 호주달러에 달하고 1991년부터 총 2300만 장이 넘는 DVD와 700만 장 이상의 CD를 팔았다. 2013년부터는 새로운 멤버로 공연을 계속하고 있다.

## 코미디

호주 연기자들은 코미디와 풍자에 능한 편이다. 가장 유명한 코미디언으로는 배리 험프리즈가 있다. 그가 연기하는 '에드나 에버리지 여사'는 인기가 엄청나서 마치 실존하는 인물처럼 대접받는다. 예컨대 기자들은 배리 험프리즈가 아닌 에드나 에버리지 여사를 진지하게 인터뷰해서 기사로 싣는다. 심지어 에드나 에버리지 여사의 자서전이 출간되기도 했다.

배리 험프리즈는 그 외에도 특정 그룹을 풍자하는 다양한 캐릭터를 창조하며 코미디의 제왕 자리를 지키고 있다. 또한 웨스턴오스트레일리아 출신의 팀 민친은 음악을 풍자에 활용한다. 그가 레프러콘(아일랜드 전설에 등장하는 할아버지 요정 -역자) 같은 외모에 맨발, 헝클어진 머리, 어두운 눈동자로 무대에서 보여주는 풍자적 말과 행동들은 많은 사람들의 눈과 귀를 사로잡는다.

호주 코미디에는 욕설이 자주 등장하고 외설적인 표현도 거침없이 쏟아진다. 이런 표현과 주제의 자유를 통해 코미디가 더욱 창의적으로 거듭난다고 여기는 듯하다. 조금 거칠고 이상해 보이기도 하는 호주의 유머 감각을 파악하려면 텔레비전에 나오는 광고를 유심히 보면 된다. 몇몇 광고는 무릎을 탁 칠 정도로 기발하고 웃기다.

## 춤

호주인 하면 거칠고 남성적인 마초 이미지가 가장 먼저 떠오르기 때문에 우아한 여성미의 끝을 보여주는 발레는 어울리지 않는다고 생각할지 모른다. 하지만 놀랍게도 호주는 발레가 매우 발달한 나라이다. 전국에 2500곳이 넘는 발레 학교가 있을 정도로 프리마돈나를 꿈꾸는 발레리나들이 많다. 20세기에 무용수이자 배우, 감독, 안무가로 다방면에서 활약한 로버트 헬프만 역시 호주 출신이었다. 이 외에도 1950년대에 왕성하게 활동한 마릴린 존스와 호주댄스시어터 출신의 머릴 탄카드, 시드니댄스컴퍼니 출신의 폴 머큐리오, 호주발레단 출신인 리사 볼트 등이 있다.

## 음악

유명한 시드니오페라하우스를 거점으로 활동하는 '오페라 오스트레일리아'는 호주에서 가장 큰 공연예술 단체이다. 처음부터 시드니에서 설립되어 1996년에 지금 이름으로 바뀌었다. 이 단체는 현재 모든 운영을 연간 2000만 호주달러에 이르는 정부 지원금에 의존하고 있다. 「오즈의 마법사」 이야기를 다룬 '오즈 오페라'로 특히 유명하며, 오페라를 접할 기회가 많지 않은 지방 사람들을 위해 전국을 돌며 오페라 투어를 하고 있다.

호주는 소프라노 넬리 멜바와 조안 서덜랜드 등 세계적으로 인정받는 성악가를 배출하기도 했다. 작곡가 마가렛 서덜랜드는 호주를 주제로 한 클래식 음악으로 주목받았다. 세계적인 기타 실력을 뽐내는 존 윌리엄스 역시 호주 출신이다.

© Leelakajonkij / Shutterstock.com

2007년에 유네스코 세계문화유산으로 지정된 시드니오페라하우스.
세계에서 가장 유명한 문화예술 공연장 중 하나이다.

클래식 외에도 다양한 장르에서 두각을 나타낸 음악가와 가수들이 있다. 섹시 스타로 자리매김한 카일리 미노그는 수많은 호주 소녀들의 우상이다. 원주민과 백인 음악가들이 만나 결성한 퓨전 밴드 곤드와나랜드는 신선하고 독특한 사운드로 주목받았다. 원주민의 전통 목관악기인 디제리두didgeridoo에 신디사이저와 드럼을 결합해 독특한 소리와 리듬으로 발전시켰다. 케이트 세버라노와 델타 굿럼, 나탈리 임브룰리아 역시 세계 음악 시장에서 알아주는 이름들이다.

하지만 누구보다도 호주를 대표할 음악인으로는 원주민 출신의 맹인 가수 제프리 구루물 유누핑구를 꼽아야 한다. 세계적인 월드뮤직 아티스트로 명성을 떨친 그는 타고난 장애를 딛고 독학으로 음악을 터득한 포크 계열 싱어송라이터이다. 그의 앨범에 실린 곡들은 대부분 알아들을 수 없는 원주민 언어로 쓰였는데, 호주의 대자연을 닮은 평화로운 멜로디와 심

전통 목관악기인 디제리두를 들고 나와 연주하고 있는 거리 음악가.

금을 울리는 목소리로 호주 원주민과 백인 사이의 오랜 정서적 골을 메웠다고 평을 받는다.

호주 전통 음악의 뿌리를 찾아가다 보면 아일랜드와 영국의 다양한 민속음악들로부터 영향을 강하게 받았음을 알 수 있다. 초기 개척 시대에 즐겨 부르던 포크 음악은 주로 금광이나 탄광, 초원, 오지 사막 등 척박한 삶의 무대가 되었던 곳들에 대한 노래가 주를 이루었다. 나중에는 미국의 컨트리 음악 풍으로 멜로디가 변형되기도 했는데, 호주 시골 지역과 원주민 문화에서는 여전히 이런 음악이 굉장한 인기를 끌고 있다.

## 문학

호주영화협회가 영화 창작자들을 지원했던 것처럼 1973년에 설립된 문학발전협회는 호주의 문학가들을 전방위로 지원했다. 그 성과는 아주 커서 세계 문단의 관심과 찬사를 호주 내부로 향하게 만들었다.

호주의 초창기 문학작품 중 가장 주목할 만한 것은 마커스 클라크의 소설 『그의 자연스러운 삶His Natual Life』이다. 19세기 말 호주 사람들이 영국 전통과의 단절을 시도하고 새로운 정체성을 찾아가는 과정을 그린 작품으로, 1874년에 집필을 마쳤지만 운송업이 발달한 후에야 정식 출간되었다.

호주 소설은 1920년대부터 더욱 큰 사랑을 받았다. 1929년에 수산나 프리차드가 쓴 『쿠나르두Coonardoo』는 호주 최초로 흑인과 백인 사이의 성적 관계를 다뤄 화제가 되었다. 가장 유명한 작가로는 1973년 『폭풍의 눈』으로 호주인 최초의 노벨문학상 수상자가 된 패트릭 화이트를 들 수 있다. 또한 멜버른 출신인 저메인 그리어가 쓴 『거세당한 여자』는 지금도 전 세계 페미니스트들의 바이블로 여겨진다.


## 건축

호주 건축가들은 오래된 건물의 보존 작업처럼, 비교적 규모가 작고 섬세함을 요하는 일에 능숙하다. 호주의 오래된 도시들에서는 옛 건물을 보존하거나 복원하는 작업이 활발하게 이루어지고 있으며, 원주민들의 신성한 장소와 암벽에 그려진 그림 등도 이들 건축가들의 섬세한 손길로 되살아난다.

호주의 대표적인 건축물로는 시드니에 있는 퀸 빅토리아 빌딩, 스위스 건축가 르 코르뷔지에의 스타일을 엿볼 수 있는 호주국립미술관(캔버라 소재), 멜버른의 빅토리아아트센터 그리고 시드니오페라하우스를 꼽을 수 있다. 하도 유명해서 이제는 호주의 상징이 되어버린 시드니오페라하우스는 덴마크 건

멜버른의 신도시 도크랜드에 생겨난 새로운 건축 명물, 웹브리지

웨스턴오스트레일리아 프리맨틀의 바윌 하우스 또는 월헴슨 하우스.
문화 보존 프로그램을 통해 새롭게 태어난 건물 중 하나이다.

축가 요른 웃존이 디자인하고 호주 출신 건축가인 피터 홀이 완성해 1973년에 개관했다. 호주 연방정부를 꾸리기 위해 계획적으로 설계된 캔버라는 건축가들에게 꿈의 무대였다. 여전히 많은 건축가들이 사랑하는 곳이지만 어딘지 인공적이라는 느낌을 지울 수 없다.

전통적인 호주인은 가정집을 지을 때 투박한 디자인과 재료를 고수해 옛날 개척지 시대의 느낌을 강조하기도 한다. 스테인드글라스로 만들어진 유리창과 창틀, 연철을 구부려서 만든 레이스 장식, 화려한 현관과 베란다, 정교한 몰딩 장식은 이들이 좋아하는 디테일이다. 최근에는 에너지 소비량을 줄이고 재활용이 가능한 소재로 만드는 친환경 주택에 대한 관심이 높아지고 있다.


## 거리 문화

호주 사람들은 기본적으로 못 말리는 쾌락주의자들이다. 대부분 시간을 태양 아래에서 한가롭게 흘려보내는 이들은 인생을 즐기며 사는 것이 굉장히 중요하다고 생각하며 이런 태도가 곧 호주의 문화적 유산이라고 믿는다.

각 지역에서 펼쳐지는 다양한 축제나 카니발에 가보면 호주 사람들이 자기 손으로 무언가를 만드는 일을 굉장히 좋아하다는 것을 알 수 있다. 직접 만든 수제품들을 들고 나와 거리에서 사고파는 풍경을 흔히 볼 수 있고, 지역에서 활동하는 밴드와 자원봉사자 그룹도 넘쳐날 만큼 많다. 물론 축제에는 손으로 정성껏 만든 음식도 빠지지 않는다. 이렇듯 길거리에서 만난 호주 사람들은 즐겁고 건강하며, 손으로 무엇이든 만드는

## 주요 공휴일

| | | |
|---|---|---|
| **1월** | 1일 | 새해 첫날(정월 초하루) |
| | 26일 | 호주의 날 |
| | | 시드니 축제 |
| **1~2월** | | 퍼스 축제 |
| **3월** | 1주 월요일 | 노동절(웨스턴오스트레일리아) |
| | 2주 월요일 | 노동절(빅토리아) |
| | | 뭄바 퍼레이드 |
| | 3주 월요일 | 노동절(오스트레일리아 수도특구) |
| | | 캔버라의 날 축제 |
| | | 애들레이드 예술 축제(짝수 해 개최) |
| **4월** | 부활절 | * 부활절은 성금요일부터 월요일 또는 화요일까지이다. |
| | | 클레어 밸리 와인 축제(사우스오스트레일리아) |
| | | 바로사 밸리 빈티지 축제(홀수 해 개최) |
| | 25일 | 앤잭 기념일 |
| **5월** | 1주 월요일 | 노동절(퀸즐랜드) |
| | | 5월의 날 기념일(노던 테리토리) |
| **6월** | 1주 월요일 | 웨스턴오스트레일리아의 날 |
| | 2주 월요일 | 여왕 탄생일(웨스턴오스트레일리아 제외) |
| | | 브리즈번 예술 축제 |
| | | 다윈 맥주캔 레이스(노던 테리토리) |
| **8월** | 1일 | 와틀의 날(일부 주 제외) |
| | 1주 월요일 | 뉴사우스웨일스 은행 기념일 |
| | | 브룸 신주 마츠리(다문화, 웨스턴오스트레일리아) |
| | | 헨리-온-토드 레이스(앨리스 스프링스) |
| **9월** | 29일 | 여왕 탄생일(웨스턴오스트레일리아) |
| **10월** | 1주 월요일 | 노동절(뉴사우스웨일스, 오스트레일리아 수도특구, 사우스오스트레일리아) |
| | 2주 주말 | 스프링 인 더 밸리 와인 축제(퍼스) |
| **11월** | 1주 화요일 | 멜버른 컵 데이(빅토리아) |
| | 11일 | 현충일 |
| **12월** | 25일 | 크리스마스 |
| | 26일 | 복싱 데이 |
| | 28일 | 시드니-호바트 요트 레이스 |
| | | 멜버른-호바트 요트 레이스 |
| | | 테즈메이니아 축제(시작) |
| | | 호바트-살라만카 예술 축제(테즈메이니아) |

호주의 다채로운 길거리 문화는 주말에 열리는 축제나 마켓에서 경험할 수 있다.
사진은 시드니 축제의 한 장면.

동상이 아니다! 멜버른 거리의 전위예술가.

것을 좋아하고, 뼛속까지 충동적이다.

호주에서는 은퇴 후 여러 지역을 떠돌아다니며 여행하는 그레이 노마드grey nomad 족도 쉽게 만날 수 있다. '죽기 전에 다 본다'는 목표를 갖고 튼튼한 사륜구동 차에 트레일러를 매달고

멜버른 페더레이션 광장의 명물이 된
호주영상박물관(ACMI) 건물.

시드니오페라하우스 앞에서 하버브리지를 바라다본
풍경. 시드니는 야경이 아름답기로도 유명하다.

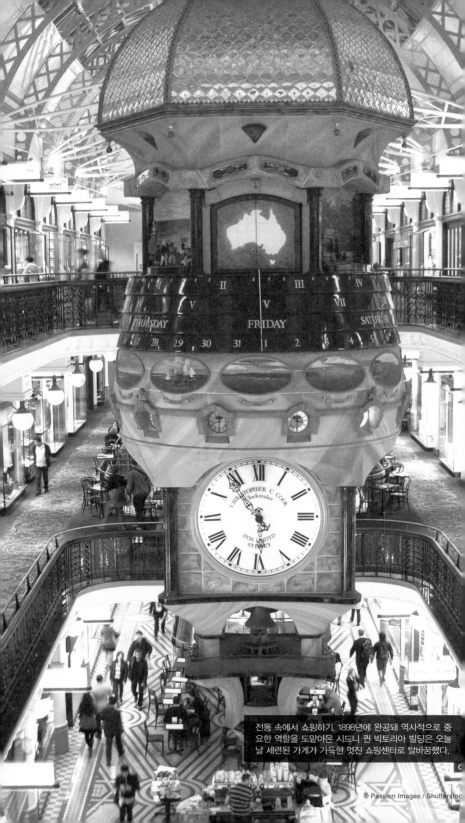

전통 속에서 쇼핑하기. 1898년에 완공돼 역사적으로 중요한 역할을 도맡아온 시드니 퀸 빅토리아 빌딩은 오늘날 세련된 가게가 가득한 멋진 쇼핑센터로 탈바꿈했다.

아시아의 영향을 많이 받은 호주의 퓨전 요리(위)와 전통적으로 즐겨 먹는 바비큐. 새우는 호주인이 가장 좋아하는 식재료 중 하나이다.

# STATION

| | | | |
|---|---|---|---|
| ST ALBANS LINE | BROADMEADOWS LINE | UPFIELD LINE | WERRIBEE LINE |
| PLATFORM | PLATFORM | PLATFORM | PLATFORM |
| NEXT TRAIN FOR | NEXT TRAIN FOR | NEXT TRAIN FOR | NEXT TRAIN FOR |

1104 9

호주 비치 어디에서나 볼 수 있는
인명 구조요원.

끝도 없이 펼쳐진 고속도로를 달리는 이들은, 밤이면 호주 전역에서 체계적으로 운영되고 있는 캠핑장이나 공원으로 모여들어 저마다 살아온 인생을 나누기도 한다. 호주 원주민의 오랜 전통처럼, 아무런 계획 없이 홀쩍 떠나 새로운 곳에서 새로운 사람을 만나는 것도 호주 여행 문화의 일부이다.

## 취미생활

호주 사람들은 국가적 유행이라 할 수 있는 정원 가꾸기와 DIY 작업 외에도 개인 취향에 맞는 다양한 취미생활을 즐긴다. 집 근처에 있는 커뮤니티센터나 평생학교에 다니며 간단한 목공에서부터 도예, 스테인드글라스 만들기, 판목 날염 등 다양한 수공예 작업을 배우기도 하는데, 지역에서 가르치는 이런 수업들은 종류도 다양하고 무료이거나 아주 적은 비용으로 누릴 수 있다.

자연환경이 뛰어난 호주에서는 물론 야외에서 즐길 수 있는 취미도 무궁무진하다. 대자연으로 나가 부시워킹을 한다거나 들새 관찰, 승마, 래프팅, 조정 등을 하며 시간을 보낼 수도 있다. 야외 활동이 마음에 들지 않는다면 탱고나 살사, 스포츠댄스, 벨리댄스와 같은 춤을 배우는 것도 좋다.

## 스포츠

호주 사람들은 스포츠를 향한 관심과 열정이 아주 대단하다. 보는 것과 하는 것 구분 없이 남녀노소 누구나 스포츠를 좋아하므로 파티에서 말문이 막혔다면 주저 없이 스포츠 이

멜버른 크리켓 경기장 앞에 있는 왕년의 스타플레이어 도널드 브래드먼 경의 동상. 크리켓은 호주인이 가장 좋아하는 스포츠 중 하나이다.

야기를 시작하는 것도 팁이 될 수 있다. 스포츠에 대한 사랑을 정치적으로 이용하는 경우도 종종 볼 수 있다. 존 하워드 전 총리의 경우 텔레비전 프로그램에 나와 크리켓이나 축구 경기에 대한 이야기를 하는 것만으로 지지율을 끌어올렸다. 그는 인기 스포츠와 자신의 이미지를 연결시키기 위해 일부러 크리켓 경기 일정에 맞춰 영국을 방문할 정도이다.

인구 대부분이 해안가 도시에서 살아가는 호주는 수영과 보트, 서핑, 수상스키, 조정, 래프팅 등 해양 스포츠에 대한 관심이 상당하다. 호주는 비교적 겨울이 짧고 포근한 편이라 대부분의 스포츠를 1년 내내 즐길 수 있다. 하지만 푸티Footy라고

세계 최대 규모의 경마 대회인 멜버른 컵 경주의 한 장면. 이 날을 공휴일로 지정해 즐길 정도로 큰 이벤트이다.

불리는 호주식 축구는 3월과 8월 사이가, 일반 축구는 10월과 2월 사이가 주 시즌이다.

호주 사람들이 열광하는 또 다른 스포츠, 크리켓과 경마는 여름 스포츠이다. 크리켓은 과거 영국의 상류층이 즐기던 스포츠로, 호주인과 제대로 된 관계를 맺고 싶다면 이 경기의 알쏭달쏭한 규칙을 알아두면 좋다. 경마라면 멜버른 컵 경주가 유명하다. 매년 11월 첫째 화요일에 멜버른 플레밍턴 경마장에서 열리는 이 경주는 세계 최고의 경마대회로, 총 상금이 600만 호주달러에 달하며 당일을 공휴일로 지정해 즐길 만큼 지단한 관심이 쏠린다.

테니스도 인기 종목이다. 특히 이본 굴라공과 팻 캐시, 레이튼 휴잇, 사만사 스토서 같은 선수들이 윔블던을 비롯한 세계적인 대회를 제패하면서 관심이 더욱 높아졌다. 한편, 골프는 돈 많은 상류층의 특권이라고 여기는 여러 나라들과 달리 호주에서는 누구나 적은 돈으로 골프를 즐길 수 있다. 세계적으로 유명한 골프 선수 그렉 노먼이 호주 출신이다.

# 8
# 호주 영어

꼭 필요한 단어 말고 다른 것을 쓰는 행동은
과시적일 뿐만 아니라 민주주의에 반하는 일이다.
학교 다닐 때 선생님이 한 말이 어느 정도 사실이라면,
언어에 대해 관심을 보이는 것은
곧 '나는 정상이 아닙니다.'라고
광고하는 것과 마찬가지이다.

– 칼럼니스트, 필립 아담스

## 영어의 나라?

영어를 사용하는 나라는 많다. 하지만 호주 영어는 다른 나라에서 쓰는 영어와는 많이 다르다. 호주 영어의 대부분은 19세기 후반에 자리 잡았다. 초기에 호주 땅에 도착한 죄수와 이주민들이 모국어인 영국식 영어에 그들만의 습관을 섞은 호주식 영어를 탄생시켰는데, 어떻게 보면 반항적인 하위집단의 언어였다고 볼 수 있다.

안타깝게도 호주 영어는 이를 처음 접한 외부인들에게 커다란 혼란을 안겨준다. 다른 나라에서 아무리 열심히 영어공부를 했더라도, 억양이 독특하고 어휘도 달리 쓰는 호주 영어를 바로 이해하고 따라 하기는 만만치 않다. 어린 나이에 이민 온 아이들은 비교적 쉽게 적응하겠지만 성인은 다를 것이다. 처음부터 호주 영어와 억양을 어설프게 흉내 내는 것보다는 차라리 정석대로 발음하고 말하는 편이 낫다. 시간이 지나면 자연스럽게 호주 억양이 혀에 익을 것이다.

나이가 많은 호주인 중에는 어렸을 때부터 영국식 '정석' 영어를 쓰도록 교육받은 사람도 있지만 그 수가 점차 줄어들고 있다. 호주 영어를 구사하는 사람 중에 해외여행을 자주 하는 지식인층은 억양이 훨씬 부드럽다. 특히 동부 지역과 시드니, 멜버른, 애들레이드 같은 대도시에서는 더욱 그렇다. '정석' 영어와 호주 영어의 중간 정도 억양을 구사하는 정치인들도 아주 많다.

텔레비전 방송에서는 호주 국민의 자부심을 높인다는 취지로 소박하고 억양이 센 호주 영어를 주로 쓴다. 일부 라디오 프로그램에서 절제된 억양의 영어를 사용하기도 하지만 호주인 대부분은 호주식 영어를 좋아할 뿐 아니라 영어로 너무 조심스럽게 말하면 고상한 척한다고 여기는 경향이 있다.

## 발음

호주 영어는 발음과 단어 사용 면에서 모국어인 영국 영어와 많이 다르다. 호주 사람들은 이중모음을 독특한 방식으로 꼬아서 발음하는 경향이 있는데, 마치 이중모음을 두 배로 늘려서 말하는 것처럼 들린다. 예컨대 '노'라는 단어를 '나-오-우-으'라고 길게 빼서 발음한다. 또 호주 영어에는 비음이 많이 섞여 있다. 1940년대에 어떤 해설자는 공기 중에 떠다니는 꽃가루가 호주인의 코에 영구적인 염증을 일으키고 그 때문에 독특한 억양을 쓰는 것이라고 추론하기도 했다. 실제로 코맹맹이 소리를 내는 호주인이 흔한 편이다.

## 목소리 높낮이

호주인은 목소리에 높낮이 변화가 별로 없다. 처음에 호주인을 대하면 굉장히 무미건조한 태도로 말한다고 오해할 수도 있다. 하지만 이들은 아주 신나고 즐거운 일을 전달할 때도 표정이나 목소리 톤이 차분하고 심각한 편이다. 이 때문에 말을 정확하게 이해하지 못했을 때 상대의 표정이나 상황으로 뜻을 유추하는 일도 거의 불가능하다. 호주인과 대화할 때는 당신도 목소리를 낮게 깔고 흥분이나 감정을 최대한 배제한 채 말하는 것이 좋다. 그래야 상대방 말도 잘 들리고, 당신이 말하고자 하는 바도 정확하게 전달할 수 있다.

호주 사람들은 또 상대방의 동의나 허락을 구할 때 질문하듯 문장 끝을 살짝 올리는 습관이 있다. 대화 중간 중간 질문을 하는 것도 아니면서 자꾸 말끝을 올리는 것이 처음에는 귀에 거슬리겠지만, 모든 것이 그렇듯 듣다 보면 적응이 된다. 게다가 말끝을 자주 올리는 것은 상대방이 대화에 적극적으로 참여해주기를 바란다는 뜻이니 어찌 보면 다정한 습관이다.

또 하나 예외적인 상황은 열띤 토론을 벌일 때인데, 호주 사람들은 아무리 사소한 일이라도 논쟁이 생기면 굉장히 시끄러워진다. 게다가 길거리에서도 아무렇지 않게 말다툼을 벌인다.

## 줄임말

세계 어느 나라에나 줄임말을 쓰는 습관이 있지만 호주 사람들은 거의 집착에 가깝도록 줄임말을 즐겨 쓴다. 학자들은 이런 증세를 hypocorism이라고 부르는데 호주인은 이것도 hypo라고 줄여서 부른다. 예컨대 우편배달원을 뜻하는 'postman'을 줄여서 'postie'라고 부르고, 'barbeque' 대신에 'barbie'라는 단어를 쓴다. 'vegetable'은 'veggie', 'present'는 'prezzie', 'Christmas'는 'Chrissie'라고 줄여서 말한다. 처음에는 생소하지만 금방 적응될 것이다.

단어 끝에 '-o'를 붙여서 줄임말을 만들기도 한다. 예를 들어 호주 서부의 항구도시인 'Fremantle'을 'Freo'라고 부르고 'journalist'를 'journo'로, 'musician'을 'muso'라고 줄여서 부른다.

## 거친 입담

호주 사람들은 욕을 아주 잘한다. 욕을 할 때만큼은 평소의 무미건조하고 심각한 태도를 벗어던지고 열과 성의를 다한다. 꼭 질이 낮은 사람이라서가 아니라 보편적으로 입이 거칠고, 음란하고 부적절한 말도 서슴지 않는다.

호주 영어는 욕설에 있어서 특히 풍부한 어휘를 자랑한다. 외설적이고 성적인 방면으로 종류가 다양하다. 거리의 남자들은 'F'로 시작하는 네 글자 욕을 거의 마침표처럼 쓰고, 국회에 있는 정치인들까지 쓴다. 심지어 정치인이 방송에 나와 자신의 정적을 향해 시원하게 욕을 갈기기도 한다.

운 나쁘게도 호주인의 거친 입담에 당했다면 개인적인 악감정으로 받아들이지 말고 웃어넘기는 것이 현명하다. 실제로 이들은 나쁜 마음 없이도 습관적으로 욕을 할 때가 많다. 그리고 호주 문화에 진정으로 동화되고자 한다면 당신도 강해져야 한다. 호주인의 말버릇에 어느 정도 적응되었다면 한 번쯤은 받은 만큼 되돌려주는 것도 괜찮다. 상대방도 어쩌면 그래주기를 기대할 것이다.

호주에서 욕설을 피할 방법은 없다. 다만, 이민자 부모로서 가장 고통스러운 순간은 아이들이 호주식 욕설을 배우기 시작할 때이다.


## 말실수

같은 단어라도 영어권에서 보편적으로 통하는 뜻과 호주에서 통하는 뜻이 달라 의도치 않게 말실수를 하게 될 때가 있다. 가장 대표적인 예가 'tea'이다. 미국이나 영국에서 'tea'를 함께하자는 말은 차를 마시자는 뜻이지만 호주는 아니다. 호주인에게 'tea'는 저녁 식사를 의미한다. 'dinner'라는 좋은 단어를 놔두고 왜 일을 복잡하게 만드는지 알 수 없지만 어쨌든 호주에서는 함께 'tea'를 먹자는 말을 쉽게 해서는 안 된다.

각 주에서 쓰는 영어도 작은 차이가 있다. 이를테면 375ml짜리 작은 맥주병을 부르는 단어가 지역에 따라 다르다. 다른 지역에서는 보통 'stubby'라고 부르는데 테즈메이니아 주에서는 'jimmy'라고 부른다. 웨스턴오스트레일리아 주에서 'middy' 사이즈를 주문하면 7온스 음료를 가져다주지만 뉴사우스웨일스에서는 10온스짜리를 준다. 뉴사우스웨일스 주에서는 수영할 때 'costume'의 줄임말인 'cozzie'를 입지만 퀸즐랜드에서는 'togs'를 입으며, 웨스턴오스트레일리아 주에서는 'bathers'를 입는다.

## 보디랭귀지

다른 서양인들처럼 호주인도 개인 공간을 침범당하는 것을 극도로 싫어한다. 그러므로 대화를 할 때 상대방의 몸이나 얼굴에 너무 가까이 다가가지 않도록 주의하는 것이 좋다. 일상생활에서도 서로의 개인 공간을 존중하는 행동을 쉽게 볼 수 있는데, 예를 들어 슈퍼마켓 계산대 앞에 줄을 설 때 앞사람과의 거리를 넉넉히 두는 편이다.

호주에서 운전을 하다 보면 옆 차 운전자가 추월해 지나가면서 가운뎃손가락을 들어 올리는 광경을 종종 목격할 수 있다. 이는 곧 당신이 했거나 하지 않았을 수도 있는 일에 대한 강한 불만의 표시이다. 더 놀라운 것은, 가운뎃손가락을 들어

올리는 운전자의 남녀 성비가 거의 비슷하다는 사실이다. 이런 상황에 처하면 당황하기 쉽지만 그냥 무시하고 창문과 문이 잠겼는지를 확인한 다음 침착하게 운전을 계속하자.

## 호주 영어 사전

| | |
|---|---|
| Akubra | 옛날 시골 호주인이 즐겨 쓰던 챙이 넓은 모자로, 요즘에는 멋스러운 패션 아이템으로 주목받는다. 고급 재질로 잘 만들어진 아쿠브라는 가격도 비싼 편이다. |
| Arvo | 오후를 뜻한다. "See you this afternoon." 대신 "See you this arvo."라고 말한다. |
| Barbie | 바비큐를 빼놓고는 호주의 여름을 논할 수 없다. 이웃집의 뒤뜰 혹은 야외에서 지인들과 즐기는 바비큐 파티를 줄여 '바비'라고 부른다. 바비를 즐길 때에는 탁 트인 공간에서 숯불에 구운 고기와 샐러드 등을 먹는다. |
| Bathers | 수영복을 뜻한다. 이 외에도 'togs' 또는 'cozzie'라는 단어를 사용하기도 한다. |
| Battler | 호주인의 삶에 대한 견해를 함축적으로 나타내는 개념. 배틀러란 소위 약자를 뜻하며, 강자와의 경쟁에서 살아남기 위해 애쓰는 사람을 가리킨다. 호주에서 배틀러는 곧 작은 영웅을 뜻한다. |
| Beaut | 영어로 "Great!"와 같은 의미이다. "Beauty!"라고 말하기도 하는데, 'b-you-dee'로 발음한다. |
| Bell | '전화/통화'를 뜻하는 'call' 대신 호주에서는 'bell'이라는 단어를 사용한다. "내일 전화 주세요."라고 말하려면 "Give us a bell tomorrow."라고 말하면 된다. |
| Bickies | 돈을 뜻하는 호주 단어. 'bucks'라는 단어 대신 사용할 수 있다. |
| Bludger | 다른 사람에게 빌붙는 사람을 일컫는 단어. 절대 자기 돈은 쓰지 않는 짠돌이 혹은 주에서 지급하는 실업수당으로 생활하는 사람들을 가리켜 사용한다. |
| Blue | 말다툼 또는 의견 차이를 뜻한다. 실수라는 의미로도 사용된다. |

| | |
|---|---|
| Bodgie | 1950년대 젊은이들 사이에서 유행했던 테디 보이 스타일을 호주식으로 소화한 패션의 일종. 호주의 전 총리 로버트 호크는 정치 초창기 시절 야단스러운 재킷과 흰 구레나룻 덕에 'The Silver Bodgie'라는 별명을 얻기도 했다. |
| Bucketing | 엄청난 비난을 받거나 매도당하는 상황을 일컫는다. 현대식 변기가 도입되기 전 사람의 배설물을 'bucket,' 즉 양동이에 모았던 것에서 유래된 표현인데, 'bucketing'은 오물을 뒤집어쓰는 것을 뜻한다. |
| Buckley's Chance | 전혀 기회가 없음을 뜻한다. 어디에서 유래된 표현인지는 정확하지 않지만, 19세기 이전에 만들어졌으며 버클리가 참 운 나쁜 사내였다는 점은 확실하다. 줄여서 'Buckley's'라고 사용하기도 한다. |
| Budgie Smugglers | 이미 유행이 한참 지난 남성 수영복의 일종으로, 노출이 심하고 성기 주변이 타이트하게 달라붙는다. 호주인은 이를 가리켜 우스갯소리로 'budgie(새)'를 수영복 안에 쑤셔 넣은 모양새라고 말한다. |
| Bunyip | 동화에 자주 등장하는 가상의 괴물로, 물가에서 자주 발견된다. 착한 녀석은 아니다. |
| Cark it | '죽다'라는 뜻의 표현이다. 굉장히 비격식적인 표현으로, 친구의 아버지가 돌아가셨을 때와 같이 심각한 상황에서는 적절하지 않으므로 주의가 필요하다. |
| Catchya | "See you later"와 같은 의미인 "Catch you later"를 줄인 말. 헤어질 때 자주 쓰는 표현이다. |
| Chook | 닭. |
| Chuck a woobly | '흥분하다' 또는 '성질을 내다'라는 뜻의 숙어. 비슷한 의미로 "spit the dummy"라는 표현을 사용한다. |
| Chunder | '토하다'라는 의미. 사람들이 배 위에서 토사물을 밟지 않도록 "Watch under!"라는 경고문을 붙인 것에서 유래된 단어이다. |
| Clayton's | 거짓이거나 허구의 것을 가리킨다. 무알코올 맥주의 이름에서 유래된 단어이다. |
| Cobber | 호주를 대표하는 은어 중 하나로, '친구'를 의미한다. 하지만 요즘은 거의 사용하지 않으며, 대신 'mate'라는 단어를 많이 쓴다. |

| | |
|---|---|
| Cocky | 소농小農을 일컫는다. 또 다른 뜻으로 앵무새가 있다. |
| Crook | '아픈' 또는 '병든'이라는 뜻의 단어. |
| Crust | 소득원 또는 생계 수단을 가리킨다. "그 친구는 뭐로 먹고 살지?"라는 뜻으로 "What does he do for a crust?"라고 말한다. |
| Dag | 옷을 형편없이 입었거나 잘난 척하는 등 불쾌하고 기분 나쁜 사람을 가리키는 경멸적인 단어. |
| Daks/Strides | 남성 바지를 뜻한다. 'Daks'는 브랜드 이름에서 유래했다. |
| Dingbat | 괴짜 혹은 별난 사람. |
| Dinkum | '정직하고 진실하다'는 뜻으로 'fair dinkum'이라는 표현을 쓴다. 같은 의미로 'Dinky-di'라는 단어를 사용하기도 한다. |
| Dob In | '신고하다' 또는 '배신하다'라는 뜻의 숙어. 친구나 직장 동료 또는 이웃을 고발했을 때 자주 쓰인다. |
| Drongo | 손쓸 수 없을 정도로 멍청하거나 어설픈 사람을 뜻한다. 1920년대에 단 한 번도 레이스 우승을 하지 못한 말의 이름에서 유래했다. |
| Drum | 최신 정보 또는 비하인드 스토리를 일컫는다. |
| Dunny | 호주의 명물로, 야외 화장실을 일컫는다. 요즘에는 도시에서 거의 볼 수 없지만 오지 또는 시골에서는 아직도 야외 화장실인 'dunny'를 사용한다. |
| Esky | 바닷가 또는 공원으로 소풍 갈 때 음식과 마실 것을 담아갈 수 있는 이동식 아이스박스를 가리킨다. 'Eskimo'에서 유래했다. |
| Flat Chat/ Flat Tack | '전력을 다하다' 또는 '엄청나게 노력하다'라는 뜻의 숙어. |
| The Fremantle Doctor | 웨스트오스트레일리아에서 쓰는 표현으로, 뜨거운 오후 프리맨틀에서 퍼스로 불어오는 차가운 바람을 뜻한다. 줄여서 'The Doctor'라고 쓰기도 한다. |
| Full Bottle | 상황에 대해 잘 알고 있거나 완벽하게 이해하고 있음을 뜻한다. |

| | |
|---|---|
| Furphy | 루머 또는 거짓된 소문. 군인들이 'Furphy'라는 브랜드의 물 파는 수레 위에 앉아 뜬소문을 주고받았던 것에서 유래했다. |
| Get on your bike | '서두르다'라는 뜻의 숙어. |
| Globe | 전구를 뜻하는 호주식 영어 단어. |
| Gong | 메달이나 상장을 가리킨다. |
| Grog | 알코올이 들어간 술을 일컫는데, 주로 맥주를 뜻한다. |
| Guernsey | 호주식 축구인 footy에서 입는 저지를 가리킨다. |
| Jackaroo/ Jackeroo | 농사일을 배우기 위해 오지의 양 목장이나 가축 농장에서 일하는 젊은 도시 사람을 일컫는다. 어려움을 참고 견디는 사람을 뜻하기도 한다. |
| Jarmies | 잠옷. |
| Joey | 새끼 캥거루. |
| Lakkies | 고무 밴드. 'Elestics'에서 유래했다. |
| Larrikin | 소란스러운 말썽을 피우거나 떼 지어 난동을 부리는 젊은 이들을 가리키는 말. 또는 말썽꾸러기이지만 심성은 착한 아이를 뜻하기도 한다. |
| Lolly/Lollies | 달콤한 사탕을 뜻하는 'lollipop'의 준말. 특히 알록달록한 사탕을 일컫는다. |
| Nong | 바보 또는 얼간이. |
| Ocker | 무식하고 교양 없는 호주 촌놈. 반바지와 고무 샌들 차림에 타 인종이나 문화, 신념에 대해 배타적이고 편협한 관점을 갖고 있다. 다행히도 점차 그 수가 줄어들고 있다. |
| Poofter | '남성 동성애자'를 경멸적으로 가리키는 말. 호주 남성들의 마초적인 면을 잘 나타내는 단어로, 일상 대화에서 흔히 쓰인다. |
| Pooh | 영어 단어인 'shit'과 같은 의미로 쓰인다. '오물' 또는 '불쾌한 상황'이라는 뜻을 가지고 있다. |

| | |
|---|---|
| Prang | 가벼운 교통사고 등으로 차를 망가뜨리는 것을 일컫는다. |
| Rack Off | '꺼져'라는 뜻의 숙어. |
| Rage | 최근에 '미친 듯이 파티하다'라는 의미로 자주 쓰인다. 하지만 격렬한 파티 외에도 가볍게 춤을 추며 노는 것을 의미하기도 한다. |
| Ratbag | 별나거나 멍청한 사람. 주로 부정적인 뜻으로 쓰인다. |
| Ringer | 어떤 일에 뚜렷하게 뛰어난 사람을 일컫는다. 원래는 양털 깎기 대회에서 가장 양털을 잘 깎는 사람을 가리키는 말이다. 호주 북부에서는 가축을 모는 사람을 뜻한다. |
| Ripper | 'Beaut'와 비슷한 의미를 가지고 있다. 같은 뜻의 영어 단어로는 'terrific'이 있다. |
| Roo-bar | 호주 사람들이 자동차 앞부분에 설치하는 커다란 금속 재질의 구조물. 도시에서 외지로 나가는 차의 경우 야밤이나 새벽에 자동차 불빛을 보고 달려드는 캥거루에 대처하기 위해 반드시 이 '루-바'가 필요하다. '루-바' 없이 캥거루와 부딪힌다면 훨씬 더 큰 피해를 입을 수 있다. |
| Root | 특히 미국인들이 알아두어야 할 단어. 미국에서는 스포츠 팀을 응원할 때에 이 단어를 사용하지만 호주에서는 성행위를 뜻한다. |
| Rort | 속임수 또는 사기를 뜻한다. 미국과 영국에서는 같은 의미로 'scam'이라는 단어를 사용한다. |
| Sandgropers | 웨스턴오스트레일리아의 원주민을 일컫는다. 대부분 사막으로 이루어진 웨스턴오스트레일리아의 지형 때문에 붙여진 이름이다. 또한 모래 속을 파고 들어가 나무의 뿌리를 먹고 사는 아주 작은 곤충을 가리키기도 한다. |
| Sangers | 샌드위치. |
| Sea-change | 중년의 나이에 접어들면서 도시나 교외에서 해변가로 이사해 평화롭고 우아한 삶을 살고 싶어 하는 충동을 일컫는다. 비슷한 맥락으로 'tree-change'가 있다. |
| Secret Women's Business | 호주 원주민 여성 사이에서 행해지는 비밀 의식. 원주민 남성을 철저히 제외된다. 호주 백인 남성들은 평등을 주장하며 'Secret Men's Business'라는 용어를 농담처럼 사용하기도 한다. |

| | |
|---|---|
| Shonky | 수상쩍고 믿을 수 없는 사기꾼. |
| Sledgeing | 체계적이고 개인적인 학대 또는 모욕을 뜻한다. 주로 크리켓과 같은 경쟁 스포츠 선수들 사이에서 자주 일어난다. |
| Smoko | 담배를 뜻하는 'smoke'의 준말로, 담배뿐만 아니라 커피나 간단한 간식을 위한 쉬는 시간을 의미한다. |
| Snags | 소시지. |
| Specky | 미국에서 흔히 쓰이는 단어인 'cool'의 호주 버전이라고 할 수 있다. '멋지다' 또는 '끝내준다'라는 뜻이며 'spectacular'의 준말이다. 한층 더 호주스럽게 표현하려면 'specky' 앞에 'pretty'라는 단어를 붙여서 사용한다. |
| Spit the dummy | 앞서 설명한 'chuck a wobbly'와 같은 의미. 말 그대로 어린아이가 입에 물고 있던 젖꼭지(dummy)를 뱉어내는(spit) 것처럼 몹시 흥분하거나 화를 내는 것을 뜻한다. 농담 또는 조롱으로 많이 쓰인다. |
| Spruik(동사)/ Spruiker(명사) | 유래는 알 수 없지만 처음 쓰기 시작한 시기는 1902년으로 거슬러 올라갈 정도로 오래된 단어이다. 영어보다는 남아프리카 네델란드어에 가까워 보이지만, 길거리에서 물건을 팔거나 유세를 할 때처럼 시끄럽고 열정적으로 광고하는 것을 뜻한다. |
| Sticky Beak | 남의 일에 관심이 많고 참견을 잘하는 사람을 일컫는다. 동사로도 쓰인다. |
| Stubby | 뭉툭한 맥주병 또는 딱 달라붙는 짧은 남성용 핫팬츠를 뜻한다. |
| Super | 호주 연금인 'superannuation'의 준말. 급여의 일부를 의무적으로 연금에 저축해야 한다. 의무 금액보다 더 많이 저축하는 것도 가능한데 이 경우 소득세를 감면받을 수 있다. |
| Swag | 예전에는 도둑이나 방랑자가 훔쳐서 가지고 다니는 장물을 의미했지만, 요즘에는 여행자의 짐이나 가방을 뜻한다. |
| Tart | 영국에서는 '창녀'라는 뜻으로 쓰이는 다소 불쾌한 단어이지만 호주 사람들은 젊고 아름다운 여성을 가리킬 때 이 단어를 사용한다. 애정을 담아 상대방을 부르는 표현인 'sweetheart'와 비슷하다. |
| Too right! | '전적으로 동의한다'는 뜻의 숙어. |

| | |
|---|---|
| Tree-change | 중년의 나이에 접어들면서 도시나 교외에서 오지의 숲 지대로 이사해 평화롭고 친환경적인 삶을 살고 싶어 하는 충동을 일컫는다. 비슷한 맥락으로 'sea-change'가 있다. |
| Two-up | 두 개의 동전을 돌려 앞면이 나올지 뒷면이 나올지 내기 하는 호주의 전통적인 게임이다. 이 게임을 주로 하는 도박장을 'Two-up School'이라고 부른다. 또한 호주의 유명한 카지노에서도 즐길 수 있다. 개척시대 오지에서 유래되었다. |
| Wag | 학교를 중퇴하거나 무단으로 결석하는 것을 뜻한다. |
| Whinger | 언제나 불평불만을 늘어놓는 사람을 일컫는다. 반대어로는 어려운 환경에도 굴하지 하고 맞서 싸우는 'battler'가 있다. 호주 사람들은 영국인만큼 불평을 잘하는 사람은 없다고 생각한다. |
| Willy Willy | 갑자기 불기 시작해 먼지를 일으키는 작은 회오리바람을 뜻한다. 주로 호주의 메마르고 먼지가 많은 지역에서 볼 수 있다. |
| Wowser | 흥을 잘 깨고 바른말을 입에 달고 살거나 남에게 잔소리 하는 사람을 일컫는다. 일요일에는 모든 상점이 문을 닫아야 한다고 생각하는 부류이다. |
| Yakker | '일'을 뜻하는 단어이다. 말이 많은 사람을 가리키는 'yacker'와 혼동하기 쉽다. |
| Yard | 집 뒤편에 있는 뜰을 일컫는다. |
| Youse | 아마도 아일랜드에서 유래된 단어로, '당신'을 뜻하는 'you'를 대신해 사용한다. 비교적 저급한 표현으로 취급되지만 일상생활에서 흔히 들을 수 있는 단어이다. |

## 즐겨 쓰는 표현

### 자주 쓰는 관용구

**I'll give it a go; I'll give it a burl.**

시도는 해보겠지만 실패해도 너무 신경 쓰지 마. 하지만 아마도 성공할 거야.

* 호주 사람들의 이런 마음가짐은 물론 긍정적이지만 종종 미숙하거나 아마추어같이 보일 수도 있다.

**I don't know her from a bar of soap.**

그녀가 누구인지 전혀 모르겠는걸.

**I suppose it's better than a poke in the eye with a burnt stick.**

아무것도 없는 것보다는 낫지, 뭐.

**I'll just pencil it in for Monday, then.**

우선은 월요일에 만나는 것으로 적어둘게.

* 연필은 쉽게 지울 수 있다는 점을 명심할 것. 월요일에 만나자고 잠정적으로 결정한 것일 뿐 공식적인 약속은 아니다.

**Don't come the raw prawn with me.**

허풍떨지 마.

**Good onya!**

잘했어, 축하해!

* 줄여서 "Onya!"라고 쓰기도 한다.

**In like Flynn.**

열정을 다해서 기회를 잡는다.

\* 주로 남녀 사이에서 흔히 쓴다. 열정적인 낭만주의자였던 호주 출신의 1930
년대 할리우드 배우 에롤 플린의 이름에서 유래되었다.

**A cut lunch and a water-bag.**

목적지까지 꽤 멀어.

**I'll be in that; I'm up for that.**

좋아, 그것을 할 의향이 있어.

## 자주 쓰는 원주민 언어

| | |
|---|---|
| Billabong | 물웅덩이. |
| Boomerang | 부메랑. 원주민은 사냥 도구로 부메랑을 활용했다. |
| Corroboree | 대개 음악과 춤이 함께하는 축제 또는 잔치. |
| Humpy | 나무껍질로 만든 오두막. 유목민이 잠깐 지낼 목적으로 만든 집을 뜻하며, 오늘날에는 대충 만든 오두막 또는 보금자리를 뜻한다. |
| Walkabout | 원주민 문화의 일부로, 아무런 계획 또는 목적도 없이 훌쩍 집을 떠나 한동안 떠돌아다니는 것을 의미한다. 오늘날에는 혼자 있거나 무언가로부터 탈출하기 위해 별다른 예고 없이 자취를 감추는 사람을 일컫는다. |

## 자주 쓰는 줄임말

| | |
|---|---|
| Bevvies | 알코올이 들어간 음료 또는 술 |
| Brickie | 벽돌공 |

| Chrissie | 크리스마스 |
|---|---|
| Deli | 델리카드슨 |
| Divvie | 배당금 |
| Footy, Footie | 호주식 축구 |
| Journo | 기자 또는 저널리스트 |
| Muso | 음악가 |
| Pockie | 술집이나 클럽, 또는 카지노에 있는 포커 기계 |
| Prezzie | 선물 |
| Sickie | 병가 *주로 농담할 때 쓴다. |
| Tassie | 태즈메이니아 |
| Tinnie/tinny | 맥주 한 캔 또는 금속으로 만든 작은 배 |
| U-ie | 유턴 |
| Uni | 대학 |

## 자주 쓰는 은어

| Bag of Fruit | 정장 |
|---|---|
| Butcher's/Butcher's Hook | 보다, 흘끗 보다 |
| Chevy Chase | 얼굴 (동일한 이름을 가진 미국의 유명한 코미디 배우와 혼동하기 쉽다) |
| Dog and Bone | 전화기 |
| Khyber Pass | 엉덩이 |
| Plates of Meat | 발 |
| Pot and Pan | 늙은 남성 또는 아버지 |
| Steak and Kidney | 시드니 |

| Titfer/Tit for Tat | 모자 |
|---|---|
| Trouble and Strife | 부인 |

### 자주 쓰는 욕설

'Dickhead'와 'Drongo' 'Boofhead'는 상황과 관계없이 자주 쓰는 욕설이다. 'Dickhead'의 경우 원래 뜻은 상당히 불쾌하지만 쓰임이 잦아지면서 그 수위가 많이 낮아졌다. 욕설을 사용한 맥락과 화자의 몸짓에 따라 애정이 섞인 욕설인지 진심으로 하는 모욕인지 구분할 수 있다. 나사가 빠진 것처럼 덤벙대는 사람을 가리키는 'off their rocker' 또는 'sandwich short of a picnic'이라는 표현도 재미있다.

### 애정을 나타내는 표현

호주 사람들은 처음 보는 사람도 'Darling'의 줄임말인 'Darl'이라고 부른다. 또는 더 친숙한 영국 표현인 'Love'를 사용하는 경우도 있다. 개인적으로 친한 사이에서는 'Possum'이나 'Honey'의 줄임말인 'Hun'이라고 부르기도 한다.

### 흥분을 나타내는 표현

굉장히 기분 좋을 때 호주 사람들은 'Stoke'라는 단어를 사용한다. 동일한 뜻으로 'Rapt' 또는 'Happy as Larry'라는 표현도 자주 쓴다.

# 9
# 호주에서
# 일하기

우리는 악화되고 있는 생산성을 개선해야만 한다.
그렇지 않으면 우리의 생활수준을 지속적으로 개선할 수 없다.
우리가 이미 익숙해진 사회를 만든 아시아와
기타 나라들의 채석장 노릇만 하고 있어서는 안 된다.

— 호주 대기업 웨스파머스의 이사회 임원인 찰스 마섹

## 일에 대한 시각

호주인은 게으르고 느긋하다는 선입견과 달리 오늘날 호주는 노동 강도가 점점 높아지고 있다. 주 38시간 근무제를 시행하고 있지만 대부분 초과근무를 한다. 주중에만 영업하던 은행들도 영업시간을 토요일 오후나 일요일까지 연장하는 추세이다. 2011년 호주노동조합연합회가 실시한 조사에 따르면 직장인의 73퍼센트가 근무 시간 외에도 업무와 관련한 연락을 받는다고 답했고, 61퍼센트는 근무 시간보다 더 오래 일하는 것으로 조사되었다.

호주에서 직장인은 크게 두 부류로 나뉜다. 첫째는 스트레스와 압박을 받지만 풀타임으로 일하는 직장인이고, 둘째는 미래가 보장되지 않는 파트타임 근로자들이다. 파트타이머가 전체 노동 인구의 60퍼센트를 차지한다.

호주 사람들 사이에서는 언제나 '일과 삶의 균형'에 관한 토론이 열띠게 벌어진다. 물론 일과 사생활의 적절한 균형을 유지하는 것이 모두가 바라는 바이지만 말처럼 쉽지 않다. 호주인은 다른 사람들이 항상 나를 위해서 일하거나 나와 함께 열심히 일하고 싶어 하는 것은 아니라고 생각한다. 그러니 자신도 그렇게 열심히 일할 필요는 없다는 태도가 직장인 사회에 널리 퍼져 있다.

비즈니스 도시인 시드니의 고층 빌딩 숲. 조금만 외곽으로 나가도 이런 스카이라인을 보기 어렵다.

## 직장생활

호주 직장인을 겉모습만 보고 판단하는 것은 금물이다. 대부분은 느리고 건성건성 일하는 것처럼 보이지만 알고 보면 굉장히 꼼꼼하고 전문성을 갖춘 사람이 많다. 호주 사람들은 "기계가 어떻게 작동되는지 나는 잘 몰라요. 난 판매만 담당하고 있는데요."라고 말하지 않는다. 자신의 주변 업무를 세심하게 파악해서 설명할 줄 알고 문제가 생기면 해결하기 위한 노력을 기울인다. 한마디로 느리지만 믿을 수 있다.

호주는 다른 나라들, 특히 아시아 지역에 비해 노동력이 비싼 편이다. 그래서 '일하는 사람들의 천국'이라는 이미지가 있고, 한국을 비롯한 아시아 국가의 젊은이들에게 한번쯤 일해 보고 싶은 워킹홀리데이 대상지로 인기가 높다. 하지만 임금이 높기 때문에 회사는 상대적으로 적은 인원을 고용할 수밖에 없다. 예를 들어 우리 부부가 싱가포르에서 짐을 쌀 때 우리 아파트에는 최소한 남자 여섯 명이 와서 일을 했지만 똑같은 짐을 풀면서 호주에서는 단 두 명이 와서 일을 해냈다. 그렇다면 이 어느 쪽이 더 열심히, 능률적으로 일을 한 것일까?

호주 직장인과 친하게 지내고 싶다면 먼저 다가가서 친절하게 대하면 된다. 호주 사람들은 대화를 몹시 즐기므로 함께 차를 마시거나 휴식을 갖다 보면 금방 친해져서 몇 시간이고 수다를 떨게 될 것이다. 서슴없이 개인적인 이야기를 들려주는 호주인도 있다.

고객이나 직장 상사와 딱딱한 상하관계를 유지하는 문화권에서 왔다면, 호주의 수평적이고 평등한 직장 문화에 되도록 빨리 적응하는 것이 좋다. 괜히 윗사람 행세를 하려 한다거나 지나치게 격식을 차려 행동하는 것은 적대감과 비협조적인 태도를 초래할 수 있다. 특히 비서나 리셉션 담당자를 대할 때 주의해야 한다. 자긍심이 강한 호주인은 업무 성격과 관계없이 모두가 평등하다는 생각을 갖고 있다. 비서라면 자신의 업무는 상사의 일적인 부분을 도와주는 것이지 시중을 드는 일이 아니라고 생각할 것이다. 개인적일 일을 시키거나 함부로 대해서는 절대 안 된다.

호주 직장인이 실제 능력보다 훨씬 무능해 보이는 것은 거만한 태도를 끔찍이 싫어하는 성격에서 비롯되었을 수도 있다. 이들은 경쟁심을 지나치게 드러내거나 너무 열심히 일하는 행동이 자칫 오만해 보이거나 다른 사람의 기분을 상하게 할 수 있다고 생각한다. 또한 남들도 자신과 똑같이 행동하기를 기대하므로, 호주 직장에서는 너무 열심히 일하는 티를 내지 않는 것이 좋다. 당신이 똑똑하다면 되도록 멍청하게 행동하고, 돈이 많다면 되도록 없어 보이는 옷을 입으시라. 남들보다 성공하는 것을 종교처럼 신봉하고 개인이 이룬 업적이나 부의 과시가 당연한 미국 문화와 달리, 호주 사람들은 성공하거나 돈이 많은 사람을 무조건 깎아내리려고 하는 경향이 있다. 이런 성향이 시기심에서 비롯되었다는 주장도 있고 영국에서 물려받은 것이라는 의견도 있다.


## 노동자의 권리

예전에 호주에서는 직장에 다니면서 돈을 모은 다음 1~2년씩 휴직해서 여행을 하고 개인 시간을 갖는 경우가 많았다. 다시 돌아와도 재취업에 대한 걱정을 할 필요가 없었던 시절의 얘기이다. 지금은 달라졌다. 취업난이 심각해서 마음 편히 사직서를 낼 수도 없다. 재취업 가능성이 흐려진 만큼 직장인들의 자신감도 하락했다.

사실 호주는 굉장히 이른 시기에 노동권을 획득한 나라이다. 1855년에 석공들의 파업으로 인해 하루 8시간 노동 시간이 보장되었고, 1907년에 최저임금제를, 1946년에 주 40시간 근무를 정착시켰다. 최근에는 주 36시간 노동이 법적으로 보장되고 불황으로 인해 20시간만 일하는 곳도 있다. 또 1951년 뉴사우스웨일스 주에서는 세계 최초로 노동자의 병가나 장기휴직에도 임금을 지급해야 한다는 법이 통과되었다.

오늘날 호주에서 풀타임으로 일하는 직장인에게는 20일의 유급휴가가 주어진다. 하지만 2010년 「호주 일과 삶 인덱스」 보고서에 따르면, 그중 30퍼센트는 너무 바빠서 휴가를 쓰지 못하고 있다고 답했고, 60퍼센트 가량은 이런저런 이유로 휴가일수를 모아두고 있다고 답했다.

유급휴가 외에도 건강이 좋지 않을 때는 병가를 사용할 수 있다. 때에 따라서는 병가를 이용해 휴가 기간을 연장하는 것도 가능하다. 하지만 휴가와 달리 병가는 1년 이내에 사용하지 않으면 소멸하므로, 되도록 정해진 날짜를 모두 써버리는 것이 이득이다. 그런가 하면 이 병가 제도를 이용해 '꾀병 태업'을 하는 경우도 있는데, 강화된 노사관계법을 피하기 위한 수단으로 사실상 파업이라 볼 수 있다.

한 회사에서 오랫동안 근무한 직원에게 주는 장기근속 휴가는 호주에서만 볼 수 있는 전통적 제도이다. 식민지 시절 호주에서 오랫동안 근무한 장교들이 고향인 영국에 다녀오기 위해 긴 시간이 필요했던 데에서 유래되었다. 지금은 장기근속에 대한 보상 차원에서 휴가를 계속 보장하고 있는데, 사내 이직

## 호주 공정근로법이 보장하는 10가지 근로기준

**주당 근무 시간** : 기본적으로는 1주에 38시간으로 제한하며, 추가 근무 시간은 타당한 선에서 허용한다.

**유동적인 근무 환경** : 미취학 어린이 또는 18살 미만 장애아 자녀를 둔 부모의 경우 직장에 유동적인 근로 환경을 요청할 수 있다.

**육아 휴직** : 직원 당 12개월의 무급 육아 휴직이 보장되며, 추가로 12개월의 무급 육아 휴직을 신청할 수 있다.

**연차 휴가** : 1년에 총 4주의 유급 휴가가 보장된다. 교대근무자인 경우 1주에 해당하는 휴가를 추가로 보장한다.

**추가 휴가** : 육아, 간병 또는 그밖에 개인적인 사정으로 1년에 10일간의 유급 휴가(병가 포함)가 보장된다. 필요에 따라 육아 및 간병을 위해 2일, 개인적인 일로 2일의 무급 휴가를 더 신청할 수 있다.

**공공 서비스 휴가** : 시민배심원의 의무를 포함한 봉사활동 휴가는 무상으로 보장된다. 배심원의 의무를 위해 휴가를 신청한 경우 최장 10일에 대한 임금을 정부에서 지원한다.

**장기근속 휴가** : 직장별로 사전에 협의된 규정에 따라 유급으로 장기근속 휴가를 보장한다.

**공휴일** : 공휴일은 기본적으로 유급 휴가일이다.

**퇴직금** : 근무 기간에 따라 최장 16주에 해당하는 퇴직금이 보장된다.

**정보 공유** : 공정근로법의 조항이 변경될 경우 고용주는 반드시 직원에게 해당 내용을 제공해야 한다.

률을 낮추고 개인에게는 재충전의 시간을 제공한다는 점에서 고용주와 직원 모두에게 긍정적으로 평가받고 있다.

## 서비스정신

어느 나라와 비교하느냐에 따라 호주의 서비스 스타일은 다소 문제가 있어 보일 수도 있다. 식민지 역사의 영향을 오래 받은 호주 사람들은 대체로 타인에게 고개를 숙이거나 시중을 드는 것을 매우 싫어한다. 따라서 고객에게 깍듯하게 서비스하는 것에 익숙한 문화권에서 온 사람들은 호주인의 태도를 자칫 무례하게 여길 수도 있다. 물론 공평함을 중시하는 국민 특성상 남들이 자신을 떠받들어주기도 바라지 않는다. 그래서 많은 호주인은 아시아 지역을 여행하며 지나치게 낮은 자세를 취하는 서비스직 종사자들을 볼 때 적잖이 당황한다.

> 호주에서 일하는 사람들은 팁을 받는 것을 모욕적으로 느낀다. 땀 흘려 일한 대가를 더도 말도 덜도 말고 딱 정해진 액수만큼 임금으로 받는 것이 정당하다고 생각하기 때문이다.

확실히 관광업과 같은 서비스 직종은 호주에서 그리 성공적이지 않다. 호주 직원들이 예의가 없어서는 아니다. 그들은 아첨하거나 비위를 맞추려 하지 않을 뿐 솔직하고 정직하다. 예컨대 음식점에서 웨이터는 손님이 주문한 음식에 대해 "오늘은 그 재료가 신선하지 않은데요."라고 솔직하고 말하며 다른 메뉴를 권해준다. 하지만 어쨌든 다른 많은 관광 도시들과 비교해볼 때 호주인의 무뚝뚝하고 태평스러운 성격이 썩 매력적이지 않은 것은 사실이다.


## 호주인과 사업하기

호주 사업가들은 다분히 이중적이다. 겉으로는 친하게 굴지만 사실은 굉장히 비밀스럽고, 온순하고 욕심 없어 보이지만 속에는 억제되지 않은 공격성을 감추고 있다. 철저한 평등주의자에 청렴을 목숨처럼 여길 것 같지만 알고 보면 꽤 유연한 편이기도 하다. 멀리서 보면 무심하고 여유로워 보이지만 속으로는 잔뜩 긴장하고 있다. 호주인을 겉모습만 보고 판단하는 것은 금물이다.

호주인 사업 파트너와 친해지는 가장 쉬운 방법은 함께 펍에서 맥주를 마시거나 그들이 정말 좋아하는 스포츠에 관해 이야기를 나누는 것이다. 바비큐 파티를 함께 즐기는 것도 효과적이다. 이런 시간에 되도록 일 이야기만 꺼내지 않는다면 서먹서먹함을 빨리 극복할 수 있다.

기본적으로 지적인 것을 싫어하는 평범한 호주 사람들의 태도는 사업에도 영향을 미칠 수 있다. 특유의 '다 잘 될 거야'라는 태도로 여유를 부리며 전문적인 문서나 계약 사항 같은 것에 대해서는 전혀 언급하지 않을 수도 있다. 또한 처음 만난 사람이 성이나 직함을 빼고 이름을 부르는 경우도 종종 있다. 거추장스러운 것을 딱 싫어하는 호주인은 미스터, 미세스, 미스와 같은 예의상의 호칭도 잘 사용하지 않는 편이다. 직장 상사 역시 면전에 대고 이름을 불러도 전혀 개의치 않는다. 이는 평등함을 중요한 덕목이라 생각하는 호주인의 성향을 잘 나타내는 예이다.

호주인은 편지를 잘 안 쓰는 것으로도 유명하다. 사업상 편지를 아무리 여러 번 보내도 답장을 받지 못할 가능성이 높다. 이메일 역시 마찬가지이다. 따라서 급하게 해결할 업무가 있다면 전화나 팩스로 바로 연락하는 것이 훨씬 효율적이다.

예전에 비해 오늘날 호주 사업가들은 좀 더 냉철하고 보수적이며 조심스러워졌다. 세계적인 불황 속에서 위험 요소와 부채 문제에도 더욱 민감해졌다. 이를 입증하듯 호주의 은행들은 유럽과 미국에서보다 훨씬 더 튼튼하게 운영되고 있다.


## 직장에서의 옷차림

호주 직장인의 드레스코드는 편안하되 보수적이다. 머리부터 발끝까지 완벽하게 차려입거나 화장을 하지 않아도 괜찮지만 여전히 남성은 정장을, 여성은 긴 치마를 입는 것을 선호한

호주 직장 사회의 일반적인 구성과 옷차림.

다. 적당한 옷을 고르기 어렵다면 검은색이나 회색 같은 무채색 계열을 선택하는 것이 재미는 없어도 무난하다. 하지만 요즘 호주의 젊은 세대들은 이런 암묵적인 룰에 둔감하거나 무시하려는 경향이 있다. 특히 젊은 여성들은 가슴이 너무 깊게 파인 옷이나 배꼽티, 몸에 타이트하게 붙는 원피스 등 사무환경에 전혀 어울리지 않는 옷을 입고 출근하기도 한다. 자전거로 출퇴근하는 인구가 많기 때문에 헬멧과 운동화를 신고 출근하는 풍경도 쉽게 볼 수 있는데, 사무실에 도착한 후에는 정장으로 갈아입는다.

사실 어떤 옷차림이 적절한지는 업종이나 업무 성격에 따라 좌우되고 특히 호주에서라면 날씨도 큰 영향을 끼칠 수 있다. 시드니와 멜버른 같은 동부의 대도시에서는 웨스턴오스트레일리아나 노던 테리토리에 비해 세련되고 유행에 민감한 패션을 추구하는 사람이 많다. 홍보나 언론 분야는 옷차림도 괴짜답기로 유명하고, 공공기관 근무자들은 옷차림도 대체로 딱딱하게 경직된 편이다.

## 유통

호주는 많은 자원을 품고 있는 보물 같은 땅임이 분명하지만 너무 넓어서 물건을 유통하기가 쉽지 않다. 게다가 호주 내 시장 규모는 그리 크지 않은 편이라 비싼 유통비를 감당할 수 있을 만큼의 수익을 벌어들이기가 어렵다. 동부 멜버른에서 생산된 물건을 서부 퍼스로 가져와 파는 것보다 해외에서 수입해 쓰는 것이 훨씬 저렴한 경우도 있다.

## 세금

호주의 세금 제도는 굉장히 복잡하고 기준도 애매모호해서 관련 업계에 종사하는 사람이 아니라면 제대로 이해하고 있는 경우가 거의 없다. 호주로 이민 온 뒤 취업을 했다면 가장 먼저 은행에 가서 택스파일넘버를 신청해야 한다. 비교적 안정적이고 검증된 직업을 갖고 있다면 PAYG (Pay As You Go) 시스템을 신청할 수 있는데 세금이 월급에서 바로 빠져나가므로 편리하다. 과징되었을 경우에는 나중에 차액을 환급받을 수 있다. 세금에 관련된 서류는 5년 간 보관해야 한다.

## GST 세금

호주는 상품 및 서비스세(Goods and Services Tax), 즉 GST 제도를 시행하고 있다. 이는 가공하지 않은 음식과 병원비, 교육비, 기부금, 농지를 제외한 모든 물건의 구입 및 소득에 대해 10퍼센트를 GST 세금으로 부과하는 것이다. 당장 물건을 구입하면서 세금까지 더 붙여서 내야 하는 소비자도 불만이지만 사업자번호를 등록하지 않은 기업체의 경우 최대 47퍼센트에 달하는 세금이 부과될 수도 있어 반발의 목소리가 크다.

매출이 5만 호주달러를 넘지 않는 기업체나 개인사업자의 경우 이 제도에 가입하지 않아도 되지만 대부분의 사업체가 GST 세금 제도에 가입하지 않은 하청업체와는 계약을 꺼리므로 자발적으로 가입하는 것이 좋다. 역으로, GST 세금 제도에 가입하지 않은 업체와 거래할 경우 나중에 세금 감면 혜택을 받지 못하는 등 손해를 볼 수 있다.

호주에서 모든 사업체는 이미 납부한 GST 금액과 남은 금액, 공급회사에 지불한 GST 금액 등을 기록한 사업활동명세서(Business Activity Statement)를 세무서에 정기적으로 제출해야만 최종적으로 내야 하는 세금 액수를 확정 받고 그중 일부를 감면 받을 수 있다.

다음은 세금과 관련해 호주 거주자들이 꼭 파악하고 있어야 할 사항을 정리한 것이다.

- **택스파일넘버**(Tax File Number): 세금을 내는 거주자라면 반드시 은행에서 이 번호를 신청해야 한다. 이는 법으로 정해져 있다.
- **세법상 거주자**(Tax Residency): 과세 기간 동안 183일 이상 호주에서 머문 사람은 세법상 거주자가 된다. 호주에 살고 있거나 거주지를 유지하고 있는 경우에는 실제 거주 기간에 관계없이 세법상 거주자로 간주된다. 영주권 소유자는 당연히 포함된다.
- **과세 기간**: 7월 1일부터 다음 해 6월 30일까지이다.
- **거주자**: 세법상 거주자는 아니지만 호주에서 살고 있는 경우, 다른 나라에서 받은 임금에 대해 세금이 부과될 수 있다. 단, 해당 국가에서 이미 세금을 부과한 경우에는 무효하다.
- **비거주자**: 호주에서 살지 않는 비거주인 경우에도 해당 기간에 호주에서 번 소득 중 과세 가능한 금액에 한해서는 세금이 부과된다.
- **해외 취업**: 세법상 거주자가 지속적으로 91일 이상 해외에서 일을 하고 해당 국가에 세금을 납부한 경우 세금을 면제해준다. 단, 취업을 통해 벌어들인 소득에 한해서만 면제가 가능하다.
- **해외 소득**: 호주 기업이 호주보다 세금을 적게 내는 나라에

서 소득을 올렸을 경우, 이를 모회사의 일부라 간주하고 발생주의를 기준으로 세금을 부과한다.

- **부동산 소득:** 호주에 있는 첫 번째 거주지, 또는 주 거주지를 팔고 얻은 소득에 대해서는 자본소득세를 부과하지 않는다. 장기간 해외에 머물기 위해 거주지를 임대함으로써 임대소득이 발생한 경우에도 최고 6년은 자본소득세를 면제해준다. 투자 목적으로 두 번째 거주지를 구입한 뒤 12개월 안에 되팔았다면 자본소득세의 상당 부분을 감면받을 수 있다.

- **세금을 내지 않아도 되는 소득범위:** 연 소득이 1만 8200호주달러 이하인 사람은 세금을 내지 않아도 된다. 2015~2016년에는 이 소득범위가 1만 9400호주달러로 인상된다.

# 10

## 호주
## 속성
## 노트

매물 (임대 가능) ; 조용하고 한적한 곳에 위치한 대륙.
360도 오션 뷰. 숨 막히게 아름다운 정원(부분적 관개
필요). 주택은 없지만 엄청난 잠재력. 애완동물이나 식
량으로 활용 가능한 토속적인 야생동물. 굉장히 친절한
전통 소유주. 모든 것을 떠나 잠시 휴식이 필요한 개척
자 부부에게 적합. 먼저 보는 사람이 임자!

**공식 명칭** 오스트레일리아연방

**수도** 캔버라

**국기** 파란 바탕. 왼쪽 상단에 유니언 잭 문양과 그 아래 별 문양, 오른쪽에 남십자성 문양

**국가** Advance Australia Fair (오스트레일리아여, 굳세게 전진하라)

**언어** 영어

**시간** 웨스턴, 센트럴, 이스턴으로 나뉜다.
　　　웨스턴: 그리니치표준시 +8시간
　　　이스턴: 웨스턴 -2시간
　　　센트럴: 웨스턴 +0.5시간
　　　* 여름에는 서머타임 적용으로 한 시간씩 앞당겨진다.

**국제전화** 국가식별번호 61

**국토** 지구 남반구 오스트레일리아 대륙에 위치하며 오스트레일리아 본토와 테즈메이니아 섬으로 이루어져 있다. 서쪽에 인도양이, 동쪽에 남태평양이 있다.

**면적** 약 768만 제곱킬로미터(2013년 기준)

**최고봉** 뉴사우스웨일스 주의 코지어스코 산(2230m)

**주요 강** 머레이 강, 달링 강, 머럼비지 강

**기후** 지역에 따라 반건조성 기후, 사막성 기후, 열대성 기후, 온대성 기후 등이 다양하게 나타난다.

**천연자원** 보크사이트, 석탄, 구리, 다이아몬드, 금, 오팔, 철광석, 납, 모래광물, 천연가스, 니켈, 석유, 은, 주석, 텅스텐, 우라늄, 아연

**인구** 약 2332만 명(2013년 기준)

**인구 밀집 지역** 시드니(450만 명), 멜버른(400만 명), 브리즈번(200만 명), 퍼스(166만 명), 애들레이드(119만 명, 이상 2009년 기준)

**종교** 로마 가톨릭교, 성공회, 그리스도교, 무교 및 기타

**행정구역** **6개 주**: 웨스턴오스트레일리아Western Australia, 사우스오스트레일리아South Australia, 퀸즐랜드Queensland, 뉴사우스웨일스New South Wales, 빅토리아Victoria, 태즈메이니아Tasmania **2개 특별자치구**: 노던 테리토리Northern Territory, 오스트레일리아 수도특구Australian Capital Territory

**정부 구조** 연합정부 체제(연방의회제)

**국가 원수** 영국의 엘리자베스 2세 여왕

**정부 수반** 총리

**선거** 총선거는 3년에 한 번씩 치르며, 단일 후보 지정이 아닌 전체 후보의 선호순위를 체크하는 선호투표 제도를 따르고 있다.

**통화** 호주달러(AUD)

**국내총생산(GDP)** 1조 5074억 달러(2011년 기준)

**농산품** 보리, 과일, 사탕수수, 밀

**기타 생산물** 축산물, 가금류

**주요 산업** 화학, 식품 가공, 산업 기계, 운송 장비, 광업, 철강

**수출품목** 알루미나, 석탄, 철광석, 광물, 원유, 천연가스, 농산물, 운송 장비

**수입품목** 자동차, 컴퓨터, 사무 기계, 원유 및 석유제품, 의약품, 통신 장비 및 부품

**실업율** 5.5 %(2011~2012년 기준)

**필립 애덤스** 진보 성향의 세련되고 점잖은 칼럼니스트로, 호주 예술계의 유명 인사이자 호주 영화 역사를 개척한 인물. ABC 라디오 내셔널의 「Late Night Live」의 사회를 맡고 있으며 「더 오스트레일리안」 신문에 기고 중이다. 스스로 나서 보수파의 골칫거리 역할을 자청하는 것으로 유명하다.

**줄리안 어샌지** 단연 세계적으로 유명한 호주인. 어떤 이는 줄리안 어샌지를 가리켜 위대한 인물이라고 말하기도 한다. 하지만 어샌지에 대한 호주 정부의 의견은 두 갈래로 나뉜다. 그는 원래 컴퓨터 해커이자 프로그래머로, 정치적 비밀문서를 유출해 부정행위를 고발하는 온라인 저널리즘 사이트인 위키리크스의 창립자이자 최고 책임자이다. 위키리크스를 통해 유출된 내용은 여러 나라 정부를 격분하게 만들었는데 특히 미국이 가장 민감하게 반응했다. 그는 2010년 강간 혐의로 영국에서 체포되었다가 풀려났다. 이후 스웨덴으로의 인도 결정을 기다리던 중 스웨덴으로 가면 미국으로 재인도 될 것을 염려해 에콰도르에 망명 신청을 하고 보호를 받는 중이다.

**발리 나인**The Bali Nine 2005년 4월, 8.3킬로그램에 달하는 헤로인을 인도네시아 발리로 밀수입하다 적발된 아홉 명의 호주인을 일컫는 이름. 인도네시아 법원은 아홉 명에게 각기 다른 형벌을 선고했는데 그중 두 명은 사형을 선고받았다. 인도네시아와 호주의 관계에 부정적인 영향을 끼친 사건이다.

**에드먼드 바튼 경** 1901년에 호주연방 초대 총리로 취임한 에드먼드 바튼 경은 호주노동당의 지지 덕분에 정권을 잡을 수 있었다. 하지만 1903년 바튼은 총리직을 사임하고 원래 직업인 대법원 판사로 돌아갔다.

**앨런 본드** 영국에서 건너와 호주에 정착해 자수성가한 사업가로, 1992년에 파산을 선고했다. 본드는 1983년 아메리카컵 요트 경주의 우승 트로피를 호주 국민들에게 선사한 것으로 유명하다. 사업을 하면서 저지른 부정행위로 징역 4년형을 선고받은 뒤 2000년에 출소했고, 그 후로도 계속해서 사업을 성공시키며 부를 축적하고 있다. 2008년 「비즈니스 리뷰 위클리」가 선정한 'Rich 200'에 이름을 올렸다.

**도널드 브래드먼 경**   호주 태생의 크리켓 선수. 브래드먼이 1930년에 이룬 452개의 낫 아웃 런의 기록은 1994년까지 깨지지 않았다. 1979년에 기사 작위를 받았으며, 2001년 2월 별세했다. 호주 사람들은 그를 'The Don'이라고 부르며 존경을 표한다.

**마틴 브라이언트**   1996년 4월 28일, 태즈메이니아의 포트 아서에서 35명의 죄 없는 사람들의 목숨을 빼앗은 악명 높은 무장 강도. 이 사건을 계기로 호주 정부는 총기 사용을 엄격하게 제재하는 법안을 지정했다. 마틴 브라이언트는 징역 35년형을 구형받았다.

**쿠엔틴 브라이스**   여성으로는 흔치 않은 이름을 가진 쿠엔틴 브라이스는 호주 최초의 여성 연방총독이다. 1942년 퀸즐랜드의 주도인 브리즈번에서 태어나 5년간 퀸즐랜드 주총독을 지낸 후 2008년 케빈 러드에 의해 연방총독으로 임명되었다. 그녀는 인권 보장을 위해 다방면으로 노력하는 변호사로도 잘 알려졌다.

**줄리안 번사이드**   호주의 저명한 법정 변호사이자 영국 여왕의 고문 변호사이다. 배를 타고 건너와 망명을 신청하는 이른바 '보트 피플'의 인권을 다뤘던 2001년 '탬파 사건' 등 세간의 관심이 집중되는 인권 관련 사건의 변호를 맡았다.

**해리 버틀러 박사**   '호주의 살아 있는 국보'이자 1979년 올해의 호주인으로 뽑혔으며, 2012년에는 오스트레일리아 훈장 오피서 Officer를 받았다. 1970~80년대에 TV에 자주 등장한 유명한 동식물 연구가로, 현재는 환경 보존에 관한 전문 지식과 열정을 바탕으로 인정받는 환경경영 컨설턴트로 활동하고 있다. 그는 제대로 관리하고 경영한다면 산업과 환경이 공존할 수 있다고 믿고 있다.

**피터 코스텔로** 호주에서 가장 오랫동안 재정부 장관을 역임했다 (1996~2007). 존 하워드 전 총리의 반대에 부딪혀 번번이 총리 당선에 실패한 것으로도 유명한데, 2008년에 쓴 책에서 꿈과 야망이 꺾인 데에 대한 울적한 심정을 신랄하게 드러내기도 했다. 현재는 세계은행에서 일하고 있으며 아직도 호주 언론에서는 시사 문제에 대한 그의 의견을 심도 있게 다루고 있다.

**자넷 홈즈 아 코트** 호주의 수 백만장자이자 비즈니스 딜메이커인 로버트 홈즈 아 코트의 미망인. 1990년 남편이 사망한 후 모든 재산을 물려받았고 이후 남편만큼 수완 좋은 사업가로 명성을 떨쳤다. 현재는 호주 예술계의 든든한 후원자이다.

**그레엄 파머** 주장하건대 호주에서 가장 유명한 푸티(호주식 축구) 선수. 웨스턴오스트레일리아 원주민 출신으로 1950년대에 유명세를 떨쳤다. 퍼스에는 그의 이름을 딴 그레엄 파머 고속도로가 있다.

**카델 에반스** 프로페셔널 레이싱 사이클리스트로, 우승을 향한 강한 집념의 사나이. 여러 번의 실패 끝에 2011년, 34세라는 놀라운 나이로 투르 드 프랑스에서 우승을 차지했다.

**더 디스미살**The Dismissal 1975년 휘틀럼 정부가 해산하게 된 사건을 이르는 말. 티라스 하사람 켐라니라는 이름의 미스테리한 신드 족 출신 중개인이 중동에서 40억 호주달러에 달하는 대출을 중개한 것이 알려지면서 호주정부는 헌법상의 큰 위기를 맞았고 결국 1975년에 당시 총독이었던 존 커 경이 나서 휘틀럼 정부를 해산시켰다. 호주의 공화당 의원들은 종종 이 사건을 언급하며 영국 군주제도가 호주의 자유를 약화시킨 예라고 주장한다.

**팀 플래너리** 직설적인 언행으로 유명한 환경운동가이자 TV 유명인. 오지에 사는 부시맨으로 베스트셀러의 저자이자 인정받는 과학자로도 활동하고 있다. 맥쿼리대학교 교수이자 호주 기후변화위원회 소속이며 『미래의 포식자들』『기후 창조자』『경이로운 생명』 등의 저서가 있다.

**저메인 그리어 교수**  세계적으로 유명한 페미니스트 작가. 그녀가 쓴 책들 중 『거세당한 여자』가 가장 잘 알려졌으며 이 외에도 영문학에 커다란 기여를 했다. 하지만 고국인 호주에 대해 소리 높여 비판하는 태도 때문에 호주 내에는 그녀에 대해 반감을 보이는 사람도 있다. 1960년대에 영국으로 건너가 현재까지 거주하고 있다.

**밥 호크**  노조 지도부 출신으로 단호하고 카리스마가 넘치는 인물. 1983년에서 1991년까지 호주 총리를 역임했다. 여전히 많은 호주인이 그의 개성 넘치는 성격과 사생활에 큰 관심을 가지고 있다.

**해럴드 홀트**  1966년 호주 총리를 역임했으며, 1967년 빅토리아의 해변에서 익사한 것으로 알려졌다. 하지만 시신이 발견되지 않은 탓에 그의 죽음을 둘러싼 각종 소문이 무성하다.

**프레드 할로우스**  뉴질랜드 태생의 안과 의사로, 호주 원주민 사회를 비롯해 문명의 혜택을 누리지 못하는 사람들이 세상을 깨끗하고 선명하게 볼 수 있도록 지원을 아끼지 않았다. 그는 1993년에 암으로 사망했지만 그의 부인인 개비 여사가 프레드 할로우스 재단과 함께 안구 건강을 위한 후원을 이어가고 있다.

**스티브 후커 교수**  장대높이뛰기 선수로, 세계 대회에서 꾸준하게 훌륭한 성적을 내는 금메달리스트. 2008년 베이징 올림픽에서도 금메달을 목에 걸었다. 그의 최고 기록인 6.6m는 세계에서 두 번째로 높은 신기록이다.

**스티븐 호퍼 교수**  식물학자이자 교수로 호주에서 가장 헌신적인 환경보호 활동가이다. 퍼스의 킹스파크 앤드 보타닉 가든의 책임자를 지낸 후 2006년 외국인 최초로 영국의 유명한 정원인 큐 왕립 식물원의 책임자로 임명되었다. 2012년 오스트레일리아 최고 명예 훈장인 컴패니언Companion을 받았으며, 현재는 웨스턴오스트레일리아 대학 올버니 캠퍼스의 교수로 재직 중이다.

**스티브 어윈**  TV 유명인이자 환경보호 모험가로, 퀸즐랜드에 있는 오스트레일리아 동물원의 책임자였다. 하지만 2005년 그레이트배리어리프에서 촬영을 하던 도중 노랑가오리의 가시에 찔려 사망했다. 원조 '크로커다일 던디'인 폴 호건의 뒤를 이어 '크로커다일 헌터'라는 별명으로 잘 알려졌으며, 지금은 그의 미국인 부인 테리와 딸 빈디가 동물원을 돌보고 있다.

**앨런 조이스** 호주 국기를 달고 운행하는 콴타스항공의 CEO이자 500만 호주달러의 연봉을 받는 아일랜드계 호주인. 1920년 퀸즐랜드에서 설립된 콴타스항공은 세계에서 두 번째로 오래된 비행기 회사로, '날아다니는 캥거루'라는 별명을 갖고 있다.

**폴 존 키팅** 1991년부터 1996년까지 총리를 지냈다. 호주 경제를 탈바꿈한 인물로 손꼽히며 아시아와의 관계를 개선하는 데 앞장섰다. 국회에서 거침없이 욕설을 내뱉는 것으로 유명하며, 프랑스산 골동품 시계와 멋진 정장을 수집하는 애호가로도 알려졌다.

**네드 켈리** 1870년대 빅토리아에서 이름을 떨쳤던 강도. 40킬로그램에 달하는, 집에서 직접 만든 갑옷을 입고 다닌 것으로 유명하다. 1880년에 살인 혐의로 교수형에 처해졌다. 호주의 로빈 후드라고 할 수 있으며 영국을 끔찍이도 싫어하는 아일랜드 사람의 성격을 대변하는 인물이다.

**덴마크 메리 공주** 태즈메이니아에 있는 평범한 집안에서 태어난 메리 도널드슨은 2000년 시드니 올림픽 당시 시드니의 한 술집에서 덴마크 출신의 훤칠한 요트 선수를 만나 사랑에 빠졌다. 그녀가 사랑에 빠진 잘생긴 덴마크 청년은 사실 덴마크의 프레데릭 왕자였다. 2004년 5월 메리와 프레데릭 왕자는 결혼식을 올렸고 이후 행복하게 살며 4명의 아이를 낳았다. 신데렐라 이야기의 주인공이 된 메리 공주는 호주의 열정적인 응원과 관심을 한 몸에 받고 있으며, 영국의 왕실 가족보다 더욱 큰 사랑을 받고 있다.

**로버트 고든 멘지스** 호주에서 가장 오랫동안 총리를 역임했던 인물로, 자유당을 창당한 장본인이다. '백인 호주' 시대를 대표하며 강한 영국 억양을 갖고 있었다. 1978년에 별세했지만, 생전에 엘리자베스 2세 여왕을 본 후 "그녀를 잠깐 스쳐본 것뿐이지만 죽는 날까지 여왕님을 사랑할 것입니다."라는 그의 말은 오늘날에도 종종 회자된다.

**루퍼트 머독**  별다른 소개가 필요 없을 정도로 세계적인 유명인사. 세계에서 손꼽히는 언론 재벌로 호주 멜버른에서 태어났지만 이후 미국 국적을 취득했다. 호주의 여러 언론사를 소유하고 있고 호주 최초의 전국 일간지인 「더 오스트레일리안」을 창간했다.

**이안 맥나마라**  호주 사람들에게는 '마카Macca'라고 불린다. 매주 일요일 아침 전파를 타는 ABC 라디오의 「올 오버 오스트레일리아」라는 프로그램을 진행하고 있으며, 호주의 '핵심 가치'를 보존하고 알리는 데 전념하는 것으로 유명하다.

**제임스 패커**  유명한 언론 인사인 케리 패커로부터 거대한 언론 왕국을 물려받았다. 최근에는 카지노를 비롯한 게임 관련 사업에 투자하고 있으며, 「비즈니스 리뷰 위클리」가 선정한 호주에서 가장 부유한 10인에 8위로 이름을 올렸다.

**조프리 로버트슨**  호주에서 태어났지만 영국 옥스퍼드에서 교육받은 법정 변호사로, 호주 안팎의 인권 보호를 위해 애쓰는 인물.

**샐리 피어슨**  1986년생으로, 호주의 떠오르는 스포츠 스타이다. 2011년 세계선수권대회 여자 100m 허들 종목에서 12.28초라는 놀라운 성적을 내며 호주 최고 기록을 경신했을 뿐만 아니라 역사상 네 번째로 빠른 선수로 기록되었다.

**존 필저**  호주 출신의 작가이자 저널리스트, 해설자이다. 전 세계 보수 단체들의 골칫거리이자, 게으르거나 정직하지 못한 동료 저널리스트들의 적이다. 런던에 살고 있으며 호주에서 일어나는 일에 대한 신랄하고 예리한 관찰과 비판을 아끼지 않는다.

**파랩Phar Lap**  호주 국민이라면 누구나 알고 있는 경주마. 1930년 멜버른 컵을 비롯해 수많은 대회에서 우승을 차지했지만 1932년 4월 의문의 죽음을 맞았다. 죽음 원인은 아직까지도 밝혀지지 않았다.

**지나 라인하트** 웨스턴오스트레일리아의 랭 핸콕이 설립한 광산 사업을 물려받은 상속녀로, 2011년 「비즈니스 리뷰 위클리」가 선정한 가장 부유한 인물로 뽑혔다. 하지만 자식들로부터 소송을 당하고 가족 신탁을 둘러싼 법정 공방을 벌이는 등 행복하지 않은 사생활로 유명하다.

**브라이언 P. 슈미트 교수** 미국과 오스트레일리아 공동 국적을 가진 천체 물리학자이자 호주 국립대학교 소속의 교수. 초신성 관찰을 통해 우주의 가속도 팽창을 밝혀낸 공로로 2011년에 2명의 공동 수상자와 함께 노벨 물리학상을 받았다. 1915년 이후 호주 과학자가 노벨상을 받은 일은 처음이며, 슈미트 교수는 호주에서 열두 번째로 노벨상을 받은 인물이 되었다.

**피터 싱어 교수** 수많은 논란의 주인공인 철학자이자 채식주의자. 안락사에 대한 급진적인 견해로 세계적인 유명세를 얻었으며 '동물해방운동의 아버지'로 통한다. 미국 프린스턴 대학의 생명윤리학 교수로 재직 중이며 멜버른 대학의 명예교수직도 맡고 있다. 2012년 오스트레일리아 훈장 중 가장 명예가 높은 컴패니언을 받았다.

**딕 스미스** 성공한 사업가이자 모험가. 전자상품 체인점을 통해 버는 수익을 출판이나 항공, 탐사, 사회공헌 활동 등 다양한 취미에 쏟아붓는 것으로 유명하다.

**피오나 스탠리 교수** 2003년 올해의 호주인으로 뽑힌 호주의 여성 영웅. 유아기 질병 치료를 비롯해 원주민 건강 증진에 힘쓴 공을 인정받아 2014년 웨스턴오스트레일리아 퍼스에 그녀의 이름을 딴 병원이 세워졌다.

**조앤 서덜랜드 여사** 세계적인 사랑과 호평을 받고 있는 호주 출신의 소프라노 오페라 가수. 경이적인 인물이라는 뜻의 '라 스투펜다'라는 별명으로 불리기도 한다. 안타깝게도 2010년 10월에 별세했다.

**말콤 턴불** 전 자유당 대표로 저널리스트와 유명 변호사, 은행가, 사업가를 거치며 상당한 개인 자산을 축적했다. 기후 변화와 탄소 가격제 등에 대해 토니 애벗 현 총리와 상이한 견해를 가지고 있다.

**셰인 웬** 은퇴한 크리켓 선수로, 역대 최고의 스핀 볼 투수로 손꼽힌다. 하지만 안타깝게도 음란 문자 스캔들과 영국의 섹시 스타 리즈 헐리와의 약혼으로 더욱 유명하다.

## 주요 발명가와 혁신가

호주 사람들은 예전부터 혁신적이고 창의적인 아이디어로 가득하지만 그 아이디어를 상품으로 연결하는 재주는 없는 것으로 유명하다. 그럼에도 상당수의 재치 있고 유용한 아이디어 상품들이 호주인의 머리에서부터 시작되었다.

### 초대형 전파망원경 SKA(Square Kilometre Array Telescope)

세계에서 가장 크고 세심하며 강력한 심우주 전파망원경. 가격만 20억 호주달러에 달하며, 일부는 웨스턴오스트레일리아 북부의 머치슨 라디오 천문관측소에 보관되어 있다. 뉴질랜드와 남아프리카공화국과 공동으로 개발했으며 2016년 공사를 시작해 2024년에 완전히 가동할 예정이다.

### 자궁경부암 백신 / 이안 프레이저 교수

스코틀랜드 출신으로 멜버른에서 활동하는 면역학자인 이안 프레이저 교수는 2006년에 세계 최초로 자궁경부암을 일으키는 인유두종 바이러스에 대한 백신을 개발했다. 함께 연구를 진행했던 중국인 학자 지안 자우는 아쉽게도 1999년 사망했다. 2012년, 프레이저 교수는 오스트레일리아 최고 명예인 컴패니언 훈장을 받았다.

### 위궤양 박테리아 / 베리 마셜 의사와 로빈 워런 의사

호주 출생으로 웨스턴오스트레일리아에서 활동하는 마셜과 워런 의사는 1980년대에 위궤양을 일으키는 헬리코박터 파일로리를 발견한 공을 인정받아 2005년 노벨상을 받았다.

### 스프레이온 스킨 / 피오나 우드 의사

영국에서 태어나 웨스턴오스트레일리아의 국립퍼스병원에서 근무하고 있는 피오나 우드 의사는 1992년에 과학자 마리 스토너와 함께 화상 환자들이 환부에 뿌릴 수 있는 제품 개발에 착수했다. 스프레이온 스킨을 통해 심각한 화상을 입은 환자들은 기존의 피부이식 수술과 같은 고통스러운 과정 없이 손쉽게 피부 재생을 할 수 있게 되었다.

### 플라스틱 은행권 / CSIRO & RBA

호주연방과학산업기구(CSIRO)와 호주연방준비은행(RBA)는 1988년 세계에서 최초로 플라스틱으로 만든 은행권을 발행했다. 현재는 호주연방준비은행 산하의 프린팅 오스트레일리아에서 오래가고 방수가 가능한 지폐를 발행하고 있다.

### 이중 플러시 변기 / 브루스 탐슨

1980년 사우스오스트레일리아의 회사 카로마<sup>Caroma</sup>에서 일하던 브루스 탐슨은 물을 절약할 수 있는 이중 플러시 변기를 창안했다. 이후 이중 플러시 변기는 전 세계적으로 도입되어 오늘날 우리 주변에서 흔히 찾아볼 수 있게 되었다.

### 생체공학 귀 / 그래엄 클라크 교수

호주 출신의 클라크 교수는 멜버른 대학교 연구팀을 이끌어 생체공학 귀를 개발했는데, 1978년 최초로 환자의 귀 안에 인공와우를 삽입해 성공적으로 청각을 회복시켰다.

| ABC<br>(Australian Broadcasting Corporation) | 호주 공영방송 |
|---|---|
| ABN (Australian Business Number) | 호주사업자번호 |
| ACA<br>(Australian Consumers' Association) | 호주소비자협회 |
| ACCC<br>(Australian Competitors & Consumer<br>Commission) | 호주경쟁소비자위원회 |
| ACT (Australian Capital Territory) | 오스트레일리아 수도특구 |
| ACTU<br>(The Australian Council of Trade Unions) | 호주노동조합협의회 |
| AFL (Australian Football League) | 호주 풋볼 리그 |
| ALP (Australian Labor Party) | 호주노동당 |
| AMA (Australian Medical Association) | 호주의사협회 |
| ANU (Australian National University) | 오스트레일리아국립대학교 |
| ANZAC<br>(Australian & New Zealand Army Corps) | 호주–뉴질랜드 연합군 |
| ASIC<br>(Australian Securities and Investment<br>Commission) | 호주증권투자위원회 |
| ASIO (Australian Security<br>Intelligence Organization) | 호주안보정보기구 |
| ASX (Australian Stock Exchange) | 호주증권거래소 |
| ATO (Australian Taxation Office) | 호주세무서 |
| AusAID<br>(Australian Agency for International<br>Development) | 호주국제개발청 |
| BAS (Business Activity Statement) | 사업활동보고서 |

| | |
|---|---|
| BSB (Bank-State-Branch number) | 은행 지점 코드<br>* 송금 등의 은행 업무를 위해 반드시 필요하다. 개설한 계좌가 어느 은행의 어디 지점과 연계되어 있는지 나타내는 코드이다. 총 여섯 자리 숫자로 세 자리씩 나누어져 있다. 계좌번호 또는 수표번호 옆에 인쇄되어 있으며 수표의 아랫부분이나 가운데에 찍혀 있는 경우도 있다. |
| CCC (Corruption & Crime Commission) | 부패범죄위원회 |
| COB (Close of Business) | 업무종료시간 |
| EST (Eastern Standard Time) | 동부 표준시 |
| GST (Goods and Service Tax) | 상품 및 서비스세 |
| MCG (Melbourne Cricket Ground) | 멜버른 크리켓 구장 |
| NSW (State of New South Wales) | 뉴사우스웨일스 주 |
| NT (Northern Territory) | 노던 테리토리 |
| OBE (Outcomes-Based Education) | 성과 바탕 교육과정<br>* 자유분방함을 추구하는 현대적 교육과정으로, 호주 내에서도 찬반 의견이 뚜렷이 나뉜다. |
| PAYG (Pay As You Go income tax) | PAYG 원천징수 |
| QSLD (State of Queensland) | 퀸즐랜드 주 |
| RSL (Returned Services League) | 귀환 병사 단체<br>* 보수적 성향의 전역군인 단체로, 예전에는 막강한 영향력을 끼쳤으나 최근 들어 점차 약해지는 추세를 보이고 있다. |
| SA (State of South Australia) | 사우스오스트레일리아 주 |
| SBS (The Special Broadcasting Service) | SBS 방송<br>* 소수 민족을 위해 설립된 방송국. 세계 뉴스와 다큐멘터리, 영화 등 다양한 콘텐츠를 방영한다. |
| TAB (Totalisator Agency Board) | 마권발매공사<br>* 가까운 TAB 매장 또는 온라인(www.tab.com.au/)을 통해 경마에 참여할 수 있다. |

| TAFE (Technical and Further Education) | 기술전문대학 |
|---|---|
| TAS (State of Tasmania) | 태즈메이니아 주 |
| TGIF (Thank God it's Friday) | 야, 금요일이다!<br>* 주말이 다가왔음을 기뻐하는 표현 |
| VIC (State of Victoria) | 빅토리아 주 |
| WA (State of Western Australia) | 웨스턴오스트레일리아 주 |

◎ **CASE 1**

당신이 일하고 있는 호주 회사에서 프랑스어로 된 문서에 문제가 생겨 번역이 필요하다. 당신은 대학에서 프랑스 언어와 문학을 전공했다. 이럴 때 어떻게 해야 하는가?

> **A.** 프랑스어를 전공한 사실을 큰 목소리로 명확하게 말한 후 번역을 시작한다.
>
> **B.** 누군가 당신에게 "프랑스어를 좀 한다고 하지 않았어?"라고 말한 후 부탁할 때까지 가만히 기다린다.
>
> **C.** 망설이며 "내가 할 수 있을지는 모르겠지만 한번 검토해볼게요."라고 말한 후에 번역을 시작한다. 일부러 천천히 시간을 끌고, 상사가 뿌듯함을 느끼도록 군데군데 찾기 쉬운 실수를 넣는다.

**조언** 세 가지 선택 중에 C가 가장 호주인다운 행동이다. 핵심은 너무 티 나게 나서지 않는 것이다. 호주 사람들은 잘난 체하거나 똑똑한 사람들에 대한 강한 거부감을 느낀다. B 역시 나쁘지 않은 선택이며, A는 절대 해서는 안되는 행동이다.

## ◎ CASE 2

드디어 마음에 두었던 아름다운 금발의 호주 여인과 데이트 약속을
잡았다. 이럴 때 어떻게 해야 하는가?

---

A. 그녀를 시내에서 가장 비싼 레스토랑에 데려간 후 식사하면서
   와인을 마신다. 차에서 내리거나 식당에 들어갈 때 문을 열어주
   고 자리에 앉을 때도 의자를 빼준다. 식사를 마친 후에는 음식
   값 전체를 계산하고 그녀를 문 앞까지 바래다준다.

B. 가격이 적당하거나 조금 싼 음식점을 선택한다. 그녀가 모든 일
   을 스스로 해결하도록 내버려둔 다음 음식값은 반씩 나누어 낸
   다. 헤어질 때는 그녀의 차까지 바래다주거나 택시를 태워 보낸
   다.

C. 빨리 먹을 수 있는 피시앤칩스를 테이크아웃해서 먹은 다음 지
   역 푸티 경기를 본다.

---

**조언** 첫 데이트에는 B가 가장 적절한 행동이다. A와 같이 지나치게 친절을
베푸는 행동은 시커먼 꿍꿍이가 있다는 오해를 불러일으킬 수 있다. C
의 경우 호주인다운 행동이기는 하지만 남녀 간 데이트에는 어울리지 않는다.

## ◎ CASE 3

한 번도 만난 적 없는 호주 주요 기업의 회장이 급히 필요하다며 정보를 요청하는 편지를 보내왔다. 이럴 때 어떻게 해야 하는가?

> A. 편지를 쓰기 시작한다. '선생님, 안녕하십니까? 귀하가 요청하신 자료는……' 다 쓴 편지를 바로 팩스로 보낸 다음 고속 항공 우편으로 편지를 부친다.
>
> B. 책상 서랍에 넣어둔다. 며칠이 지난 후에 다시 편지를 열어 답장을 써서 일반 우편으로 부친다. "조에게. 당신이 요청한 자료를 찾는 데 시간이 좀 걸렸습니다만, 다행히도 이렇게……"
>
> C. 무시한다.

**조언** A는 당신에게 결코 도움이 되지 않는 행동이다. 도리어 큰 손해를 입게 될지도 모른다. B가 가장 적절한 행동이다. 호주 사람들은 모르는 사람이더라도 성이 아닌 이름으로 상대방을 부른다. 가능하다면 철자를 일부러 틀리는 것도 좋다. C도 종종 일어나는 일이긴 하지만, 호주인의 눈에는 불친절하게 비칠 수도 있다.

호주 영어를 완벽하게 터득했는지 확인해보기 위해 다음 구절을 읽고 호주식으로 쓰인 단어나 표현에 동그라미를 친 다음 정식 영어로 바꾸어보자.

'At Chrissie, me and my sister went to Brizzie to see our rellies. I got an eleckie blankie for a prezzy and she got some lippy. We both got sunnies and pushies. For brekky, we had mushies and chocky bikkies.'

**조언**

Chrissie → Christmas

Brizzie → Brisbane

rellies → relatives

eleckie → electric

blankie → blanket

prezzy → present

lippy → lipstick

sunnies → sunglasses

pushies → pushbikes

brekky → breakfast

mushies → mushrooms

chocky → chocolate

bikkies → buscuits

# 해야 할 것과
# 하지 말아야 할 것
# DO'S AND DON'TS

---

## 인사 또는 대화를 할 때

**Don't »»»**
- 개인적인 질문을 하지 않는다.
- 질문받기 전까지는 개인적인 이야기를 지나치게 하지 않는다.
- 의견 충돌을 개인적인 감정으로 받아들이지 않는다.
- 욕설이나 모욕, 무례한 제스처에 당황하거나 과잉반응을 보이지 않는다.
- 사람들 앞에서 돈 얘기를 하지 않고, 자신이 가진 어떤 것에 대해서도 과시하는 행동을 삼간다.
- 호주를 다른 나라들과 비교하지 않는다. 호주의 나쁜 점에 관한 말이라면 더더욱 하지 않는다.
- 호주식 영어를 남발하지 않는다. 특히 엉터리 발음과 억양으로 호주 영어를 따라 하다가는 비웃음이나 경멸을 사기 쉽다.

**Do »»»**
- 길을 가다가 모르는 사람이 친절하게 말을 건네면 상냥한 인사로 화답한다. 호주 사람들은 종종 낯선 사람과도 대화를 나눈다. 이를 무시하면 무례하다고 생각한다.
- 처음 본 사람이나 잘 모르는 사람이 성과 존칭을 빼고 이름을 불러도 당황하지 않고 똑같이 그들의 이름을 부른다.

---

## 모임에서

**Don't »»»**
- 모임에 참석할 때는 지나치게 차려입지 않는다. 적당히 후줄

근한 차림이 좋다.

- 돈을 함부로 쓰거나 특별한 이유 없이 남의 음식 값이나 술값을 내지 않는다. 호주 사람들은 빚지는 것을 굉장히 싫어한다.
- 불평하지 않는다.
- 동성애자나 여성, 페미니스트, 실업자에 대해 갖고 있는 선입견을 다른 사람에게 드러내지 않는다.
- 편안한 분위기의 사교모임에서 인종이나 종교와 같은 민감한 문제를 꺼내지 않는다.

**Do** »»»
- 남자라면 펍에서 남자 친구들과 어울려 맥주를 마시거나 스포츠에 대한 이야기를 나눈다.
- 결혼하지 않았지만 동거를 하고 있는 사람과 이야기할 때는 상대방의 연인을 '파트너'라고 부른다.
- 계산은 더치페이로 한다.

## 일상생활에서

**Don't** »»»
- 상점에서 물건을 깎지 않는다.
- 아무 데서나 함부로 담배를 피우지 않는다. 먼저 허락을 구한 다음 야외에 나가서 담배를 피우는 것이 호주의 문화이다.
- 유리한 상황을 만들기 위해 개인적인 인맥을 이용하거나 지위를 남용하지 않는다. 오히려 평등주의자인 호주인의 공분을 살 수 있다.
- 호주의 태양을 만만하게 보지 않는다. 밖에 나갈 때는 자외선 차단제와 선글라스를 반드시 챙기고 긴 옷을 입는 습관을 기른다. 조심하지 않으면 피부암에 걸릴 가능성이 높다.
- 화재 경보와 바람 상태, 허가 여부 등을 살피지 않은 채 불을 피우지 않는다. 여름에는 더욱 위험하다.
- 사전 준비 없이 시골이나 오지를 방문하지 않는다. 필수품인 지도와 물 등을 반드시 챙기고 미리 공원 관리자나 경찰에 여행 계획을 알린다.
- 출입국관리사무소와 세관을 통과할 때 농담을 하거나 장난을 치지 않는다. 절대로 음식이나 식물을 몰래 들여오지 않는다.
- 호주의 아이들과 청소년들이 나이가 많은 사람에게 예의를 갖추고 공손하게 대할 것을 기대하지 않는다.

**Do** »»» 
- 호주식 영어를 배운다. 실용적인 단어와 문구를 몇 개만 익혀도 주변에서 돌아가는 일을 훨씬 더 쉽게 이해할 수 있다.

- 무엇이든 혼자서 해결하는 방법을 배운다. 호주는 두 손을 움직여 직접 만드는 DIY를 좋아하는 나라이다. 그뿐 아니라 사람을 쓰려면 많은 돈이 든다.

- 야외 활동에 필요한 장비를 마련한다. 담요와 아이스박스, 접이식 의자, 접이식 파라솔, 피크닉 바구니, 일회용 수저와 접시 등은 야외 활동뿐 아니라 집마당에서 하는 바비큐 파티에도 유용하게 쓰인다.

- 해변의 경고 표지판을 반드시 따른다. 현지인이나 해양구조대가 물에서 나오라고 하면 반항하지 않고 따른다.

- 운전할 때는 반드시 미리 깜빡이를 켜서 차선 변경을 알린다. 경적은 가급적 사용하지 말고 양보운전을 한다.

- 술을 마시러 갈 때는 반드시 친구의 차를 타거나 택시를 탄다.

- 아직 시간이 남아 있는 주차권을 다음 사람에게 준다. 호주 사람들은 타인과 물건을 나누어 쓰거나 공유하는 것을 당연하게 생각한다.

---

## 초대 받았을 때

**Don't** »»» 
- 저녁 식사에 늦지 않는다. 약속 시간에 조금 늦는 것이 예의인 문화도 있지만 호주에서는 반드시 약속 시간을 지켜야 한다.

- 남의 집에 초대 받았을 때 너무 오랫동안 머물지 않는다. 되도록 자정 이전에 돌아가는 것이 좋고, 주중 저녁이라면 더 일찍 자리를 뜨는 것이 예의이다.

- 인원수가 정해진 저녁 식사 자리에 예고 없이 친구를 데려가지 않는다. 서양식 저녁 식사인 경우 의자 수와 앉는 위치까지 정해놓는 경우가 많다. 하지만 여름 저녁 바비큐 파티나 수영장 또는 정원 파티의 경우 친구를 데려가도 괜찮다.

- 저녁 식사에 아이를 데려가지 않는다. 어쩔 수 없는 경우라면 반드시 집주인에게 물어본다. 서양식 저녁 식사의 경우 어른이 앉는 테이블에 아이를 함께 앉히지 않는다. 부득이한 경우라면 아이가 떠들지 않도록 주의시킨다.

- 남의 집 안에서 담배를 피우지 않는다. 보통은 건물 밖으로 나

가서 피우고 돌아온다. 집 밖에서 담배를 피우는 모습은 호주에서 흔히 볼 수 있는 풍경이다.

- 저녁 식사나 바비큐 파티에 빈손으로 가지 않는다. 흔히 와인이나 맥주 팩을 가져가며, 때에 따라 디저트를 준비하는 것도 좋다.

- 집주인을 위해 너무 비싼 선물을 가져가지 않는다. 꽃이나 와인, 초콜릿과 같은 간단한 선물이 적당하다. 너무 과한 선물은 집주인에게 부담을 줄 수 있다.

**Do** »»»
- 집주인이 어떤 음식을 하는지 미리 물어보고 다른 음식을 준비해 가도 되는지 확인한다. 초대할 때 음식을 가져오라는 말을 하지 않았더라도 디저트나 샐러드 같은 간단한 음식을 부탁받을 가능성이 높다.

- 식사가 끝난 후에는 빈 접시를 옮기는 것을 도와준다. 식기세척기가 없다면 설거지를 돕겠다고 나서도 좋다. 호주의 평범한 가정집에는 집안일을 대신하는 하녀나 가사도우미가 없기 때문에 가만히 앉아서 정리가 끝날 때까지 기다리지 말고 함께 일어서서 움직이는 것이 예의이다.

---

## 직장에서

**Don't** »»»
- 직장 동료가 점심이나 술을 함께 하자거나 멜버른 컵을 보러 가자는 제안을 하면 거절하지 않는다. 어쩔 수 없이 거절하게 된 상황이라도 "할 일이 너무 많아서 못 갈 것 같아요."라는 말은 결코 하지 않는다. '불친절한 워커홀릭'이라고 소문이 날 수 있다.

- 취업 후 적어도 1년 동안은 신사업 아이템에 관한 아이디어를 너무 많이 내놓거나 이미 시행되고 있는 절차에 대한 개선점을 제안하지 않는다. 호주 직장에는 천천히 그리고 조용히 적응하는 것이 좋다.

- 퇴근 후나 주말에 업무와 관련된 용건으로 직장 동료에게 전화하지 않는다.

- 남성이라면 여성 동료의 신체를 건드리거나 지나친 칭찬, 부적절한 농담 등 자칫 성희롱으로 간주될 만한 행동을 하지 않는다.

**Do** »»»
- 비서나 리셉션 직원을 동등한 위치의 직장 동료로서 대한다.
- 냉장고에 간식을 채우거나 커피를 타는 등의 일은 순서대로 돌아가면서 하고, 물품이 있는지를 먼저 파악한 뒤 참여 의사를 밝힌다.
- 동료들과 커피를 마시거나 휴식을 취하는 동안에는 일 얘기를 삼가고 주말 계획이나 자녀, 스포츠에 관한 가벼운 이야기를 나눈다.
- 사내 스포츠 동호회나 클럽에 가입한다.

호주에서는 어디서나 쉽게 원하는 정보를 찾을 수 있다. 동네의 도서관이나 병원, 관광안내소에는 다양한 정보를 담은 팸플릿과 전단지가 가득하다. 호주는 여러 개의 주로 이루어진 연방국가라서 대부분 캔버라나 시드니에 자리한 통합서비스센터에 문의를 접수하면 각 주의 해당 기관으로 연결해준다. 이 외에도 다양한 전화 상담 서비스를 이용할 수 있다.

## 전화 사용하기

- 국제전화를 걸 때는 0011을 먼저 누르고 전화번호를 누른다.
- 통화 시간과 요금을 확인하려면 0012를 누르고 전화번호를 누른다.
- 해외에서 호주로 전화를 걸 때는 국가번호인 61을 먼저 누르고 지역 코드를 누른다. 지역 코드를 누를 때에는 0을 빼고 나머지 번호만 입력한다. 예를 들어 해외에서 웨스턴오스트레일리아의 퍼스로 전화를 걸 때에는 61-8-퍼스 전화번호 순으로 누른다.

### 지역 코드

| | |
|---|---|
| 오스트레일리아 수도특구 | 02 |
| 뉴사우스웨일스 | 02 |
| 노던 테리토리 | 08 |
| 퀸즐랜드 | 07 |
| 사우스오스트레일리아 | 08 |
| 태즈메이니아 | 03 |
| 빅토리아 | 03 |
| 웨스턴오스트레일리아 | 08 |

- 1800으로 시작하는 전화번호는 무료통화가 가능하고, 1300으로 시작하는 전화번호는 시내통화 요금이 부과된다. 단, 해외에서는 1800과 1300으로 시작하는 번호로 전화를 거는 것이 불가능하다.
- 휴대전화 번호는 04로 시작하며 04 뒤에 두 자리 숫자가 붙는다. 예를 들어 0412-xxx-xxx와 같다.

### 전화번호부를 사용할 것

지역 전화번호부는 생각보다 유용하다. 각종 정보가 찾기 쉽게 나열돼 있으며 지역의 관광안내소 전화번호와 웹사이트 주소도 나와 있다.

- 190으로 시작하는 전화번호는 주로 정보 제공의 목적으로 쓰이며 0.38~5.50호주 달러의 별도 요금이 부과된다.
- 전화번호 문의
  시내전화 : 12456 또는 1223
  국제전화 : 1225
  각종 안내 서비스 : 1234

## 주요 전화번호

- 긴급 전화 (경찰/화재/구급차)
  000 (일반전화 사용 시)          112 (휴대전화 사용 시)
  청각장애인의 경우 1800–555–677로 전화하면 000으로 자동 연결이 가능하다.
- 긴급 통역 서비스: 1300–655–010
- 호주 주요 공항에서 긴급 도움이 필요할 때: 131–AFP (131–237)
- 기타 범죄피해 신고(긴급한 상황이 아닐 경우): 13–1444
- 크라임 스타퍼(범죄를 익명으로 신고할 수 있는 프로그램) 신고: 1800–333–000

## 위기 상황

화재나 홍수, 태풍 피해 등 각종 위기 상황에 처했을 때는 재난구조 시스템인 SES(State Emergency Service) 또는 화재 및 응급 서비스(Fire & Emergency Service)에서 도움을 받을 수 있으며, 해당 전화번호는 지역 전화번호부에서 찾을 수 있다.
   라이프라인(Lifeline)은 자살을 포함한 각종 위기 상황과 관련한 카운슬링을 제공한다. 호주 어디에서나 13–1114로 전화하면 도움을 받을 수 있다.

- 퍼스    – 사마리탄(Samaritans): (08) 9381–5555
          – 크라이시스 케어 헬프라인(Crisis Care help-line): (08) 9223–1111, 1800–199–008
- 멜버른   – 크라이시스 케어(Crisis Care): 1800–177–135

## 수색 구난

1800–641–792 (해상 재난 시)       1800–815–257 (항공 재난 시)
이상은 오지로 여행을 간 친구가 행방불명이 되었을 때와 같이 긴급한 상황일 때만 도움을 요청할 수 있다. 테러와 관련된 것으로 의심되는 행위를 신고할 수 있는 국가안보 핫라인의 번호는 1800–123–400이다.

## 전화 사업

호주의 전화 시장은 규제가 철폐되어 자유 경쟁이 가능하지만 두 개 회사가 시장 대부분을 독점하고 있다.

- 텔스트라(Telstra): 원래는 정부 산하기관이었지만 현재는 민영화되어 운영 중이다. 웹사이트는 www.telstra.com이다.
- 옵투스(Optus): 웹사이트는 www.optus.com.au이다.

이 외에도 AAPT, 보다폰Vodafone, 버진Virgin이 전화 서비스를 제공하고 있다. 전화 서비스를 이용하는 데는 약간의 비용이 발생한다.

### 그 외 일반적인 정보

- 국가 시간: 1900–931–240
- 모닝콜: 1–2454 (텔스트라: 예약비 1/84 호주 달러 + 서비스비 71.5센트)
- 날씨(모든 주): 1196 또는 1900–926–161 (1900 전화번호의 경우 분당 0.77센트의 비용이 발생한다)
- 인명별 전화번호부: 1800–810–211 (웹사이트는 www.whitepages.com.au)
- 업종/상호별 전화번호부: 13–23–78 (웹사이트는 www.yellowpages.com.au)
- '웨어 이즈'(Where Is) 문의: 1800–819–471

## 인터넷에서 만나는 호주

인터넷에서 호주와 관련된 다양한 정보를 찾을 수 있다.

### 호주 원주민

- 원주민 토지 소유 및 조화를 위한 호주인 단체(ANTaR)
  www.antar.org.au
- 애보리지니얼 오스트레일리아(Aboriginal Australia)
  www.aboriginalaustralia.com
- 호주 정부 내 가족, 주택, 지역사회와 원주민 부서
  www.facs.gov.au
- SBS 채널에서 방영된 '퍼스트 오스트레일리안' 다큐멘터리 시리즈
  www.sbs.com.au/firstaustralians

### 문화 및 예술

- 오스트레일리아예술위원회  www.ozco.gov.au
- 호주 정부 문화 및 레크리에이션 포탈
  www.cultureandrecreation.gov.au        www.cultureandrecreation.gov.au

### 취업 및 사회 복지

- 센터링크 www.centrelink.gov.au

- 노동청 www.fwa.gov.au
- 노동청 민원조사관(Fair Work Ombudsman) www.fairwork.gov.au/pages

## 정부

- 연방 정부 게이트웨이 www.australia.gov.au
- 호주 총리부 www.pm.gov.au
- 호주 외교부 www.dfat.gov.au
- 호주 무역대표부 www.austrade.gov.au

## 언론

- 더 오스트레일리안 www.theaustralian.com.au
- 더 에이지 www.theage.com.au
- 시드니 모닝 헤럴드 www.smh.com.au
- 오스트레일리안 파이낸셜 리뷰 www.afr.com
- ABC 방송국(라디오/TV) www.abc.net.au
- SBS 방송국(라디오/TV) www.sbs.com.au
- 크리키닷컴(뉴스와 해설을 다루는 독립 방송국) www.crikey.com.au

## 이민 · 시민권 및 여행

- 호주 이민부 www.immi.gov.au
- 『호주에서의 삶 시작하기』 책자 다운로드
  www.immi.gov.au/living-in-australia/settle-in-australia/beginning-life
- SBS TV의 '이민국가Immigration Nation' 다큐멘터리 시리즈
  www.sbs.com.au/immigrationnation
- 호주 관세청 www.customs.gov.au
- 호주 관광청 www.australia.com

## 자연환경 및 과학

- 호주 환경청 www.environment.gov.au
- 호주연방과학원(CSIRO) www.csiro.au

## 그밖에 일반 정보

- 호주국립도서관 www.nla.gov.au
- 호주국립대학교(ANU) www.anu.edu.au
- 호주 통계청 www.abs.gov.au
- 호주 2050 보고서—미래를 향한 도전
  http://archive.treasury.gov.au/igr/igr2010/report/pdf/IGR_2010.pdf

# 건강

- 24시간 건강 상담 전화: 1800-022-222
- 메디신스 라인(Medicines Line) 전화: 1300-888-763
- 건강 정보 전화: 1300-135-030

주별 병원 안내 및 자세한 정보는 www.drsref.com/au 에서 확인할 수 있다.


## 의료 서비스

온라인 의료 사전(Online Medical Dictionary)에는 일반적인 의약 정보를 비롯해 호주 의료 서비스에 대한 자세한 정보가 안내되어 있다.
www.mydr.com.au/tools/dictionary.asp
야간이나 주말, 공휴일에 진료를 받으려면 온콜 대리 의사(on-call Locum doctor)를 신청해야 한다.

- 오스트레일리아 수도특구/캔버라: (02) 6288-1711 또는 1300-422-567
- 뉴사우스웨일스/시드니의 24시간 호텔 닥터 서비스: (02) 9962-6000
- 노던 테리토리/다윈의 24시간 긴급 의료 상담 전화: (08) 8922-7156
- 퀸즐랜드/브리즈번: 1800-80-2622
- 사우스오스트레일리아/애들레이드 긴급 전화: 132-500 또는 000
- 웨스턴오스트레일리아/퍼스: (08) 9328-7111 또는 9328-0553


## 응급 치료

호주의 응급 치료 시스템에 대한 정보는 http://www.parasolemt.com.au 에서 얻을 수 있다.


## 병원

- 브리즈번     - 퀸즐랜드 대학교 왕립 브리즈번 병원 (07) 3636-8111

- 캔버라     - 캔버라 병원 (02) 6244-2222
               - 캘버리 병원 (02) 6201-6111

- 멜버른     - 왕립 멜버른 병원 (03) 9342-7000

- 퍼스     - 왕립 퍼스 병원 (08) 9224-2244
               - 마가렛 공주 어린이 병원 (08) 9340-8222

- 시드니     - 왕립 노스쇼어 병원 (02) 9926-7111
               - 시드니 어린이 병원 (02) 9382-1111
               - 세인트 빈센트 공공병원 (02) 8382-1111

## 치과 응급실

- 멜버른: (03) 9341-0222 또는 (07) 9341-1040
- 퍼스: (08) 9346-7626, 9383-1620, 9221-2777
- 시드니: (02) 9906-1660 또는 (08) 9369-7050

## 독극물정보센터

13-1126 (호주 전역)
뱀에게 물렸거나 해파리에게 쏘였을 때 도움을 요청할 수 있다.

## 그 외 의료 전화 상담 서비스

- 호주 천식 협회: 1800-645-130
- 호주 당뇨 학회: 1300-136-588

## 의료 보험 및 치료

핀란드와 노르웨이, 이탈리아, 말타, 네델란드, 뉴질랜드, 스웨덴, 영국, 아일랜드의 국적을 소지한 여행객은 호주의 메디케어 혜택을 받을 수 있다. 자세한 정보는 13-2011에서 얻을 수 있다.

## 약국

호주에는 연중무휴로 운영되는 약국이 많다.

- 퍼스
  - 마운트 로리 뷰포트 세인트 약국 (08) 9328-7775
  - 벨 드라이브-인 약국 (08) 9328-5762
  - 프리맨틀 드라이브인 약국 (08) 9335-9633
  - 포레스트 체이스 약국 (08) 9221-1691

- 시드니: 킹스 크로스 또는 옥스퍼드 거리 주변에 약국이 많이 있다.
  - 달링허스트 조제 약국 (02) 9361-5882
  - 우 약국 (02) 9211-1805
  - 호주 약사회 24시간 긴급 처방 서비스 (02) 9467-7100

- 멜버른
  - 브런스윅 탬바시스 약국 (03) 9387-3977
  - 프라한 레오나드 롱 약국 (03) 9510-3977
  - 브런스윅 마이 케미스트 (03) 9386-1000

## 통번역 서비스(TIS)

13-1450 (호주 전역)
영어에 능숙하지 못한 방문객을 위해 무료로 통번역 서비스를 제공한다.

## 법률구조 정보

- 웨스턴오스트레일리아: 1300-650-579
- 빅토리아: (03) 9269-0120 또는 1800-677-402
- 뉴사우스웨일스: 1300-888-529

더욱 자세한 정보는 법률구조 위원회 웹사이트(www.nla.aust.net.au)에서 확인할 수 있다.


## 공항 분실물 서비스

- 멜버른   – 여행객 안내 서비스: (+61 3) 9297-1062 또는 9338-4401
              – 분실물:*(+61 3) 9297-1805 또는 lost@easygo.com.au
- 시드니   – T1 국제 터미널: (+61 2) 9667-9583 또는 sit.reception@syd.com.au
            – T2 국내 터미널: (+61 2) 9352-7450
            – T3 콴타스 국내 터미널: (+61 2) 9952-9312
- 퍼스     – 제1 터미널(국제선) & 제3 터미널(국내선): (+61 8) 9478-8503
          – 제2 터미털(콴타스 & 젯스타 국내선): (+61 8) 9270-9504


## 장애인을 위한 정보

호주는 장애인의 권리와 편의를 위해 부단한 노력을 기울이는 나라이다. 거의 대부분의 웹사이트에서 장애인에게 도움이 될 만한 정보를 추가적으로 소개하고 있다. 예컨대 국립공원 웹사이트에서는 장애를 가진 모험가를 위한 코스를 확인할 수 있다. 따라서 장애가 있다고 해도 얼마든지 호주를 즐길 수 있으니 주저하지 말고 도움을 요청할 것.

- 정부: http://australia.gov.au/people/people-with-disabilities
- 센터링크   – 전화 13-2717
              – www.centrelink.gov.au

이동 수단과 관련된 도움은 아래에서 확인할 수 있다.

- 연방 케어링크 센터 1800-052-222
- 장애나 질병, 간병인 관련 문의 13-2717

호주 정부는 장애인의 편의뿐만 아니라 아픈 환자나 노인을 위해 세심한 배려를 기울이고 있는데, 일례로 호주 전역에 걸쳐 공공 화장실이 어디에 있는지 정확한 위치를 파악할 수 있는 웹사이트(www.toiletmap.gov.au)가 운영되고 있다.

- 호주 척추손상 학회
  - 전화 1800-819-775 (시드니 밖에서 전화 시)
    (02) 9661-8855 (시드니 안에서 전화 시)
  - 이메일 office@scia.org.au
  - 웹사이트 www.scia.org.au

- 『이지 액세스 오스트레일리아 Easy Access Australia』는 휠체어 신세를 지게 된 브루스 캐머론이 장애를 가진 여행객들을 위해 쓴 호주 안내서로, 주마다 유용한 정보가 가득 담겨 있다. 1995년에 처음으로 출간된 이후 지속적으로 업데이트되고 있다. 서점에서 구입 가능하고, 이메일(bruceeaa@vicnet.net.au)을 통해서도 주문할 수 있다. 자세한 정보는 www.easyaccessaustralia.com.au/contact를 참조할 것.

## 대사관

오스트레일리아 수도특구의 캔버라에 각 나라 대사관이 있으며, 나머지 도시에는 주로 영사관이 있다.
주호주 한국 대사관 (오스트레일리아 수도특구 소재) aus-act.mofa.go.kr
주시드니 한국 총영사관 aus-sydney.mofa.go.kr

## 항공사

- 아메리칸항공 (07) 3329-6060
- 영국항공 1300-767-177
- 콴타스항공 13-1313
- 싱가포르항공 13-1011
- 타이항공 전화 1300-651-960
- 말레이시아항공 전화 13-2627
- 에미레이트항공 전화 130-030-3777
- 버진 블루항공 전화 13-6789
- 젯스타항공 전화 131-538
- 타이거항공 전화 (03) 9999-2888

세계를 읽다
# 호주

초판 1쇄 발행 2014년 11월 5일
　　2쇄 발행 2018년 1월 10일

**지은이**　　일사 샤프
**펴낸이**　　박희선

**옮긴이**　　김은지
**디자인**　　김보형
**사진**　　Shutterstock, 통로이미지(주)

**발행처**　　도서출판 가지
**등록번호**　제25100-2013-000094호
**주소**　　서울 서대문구 거북골로 154, 103-1001
**전화**　　070-8959-1513
**팩스**　　070-4332-1513
**전자우편**　kindsbook@naver.com

**ISBN**　　979-11-952016-6-2 (04900)
　　　　　979-11-952016-5-5 (세트)

이 책은 저작권법에 따라 보호를 받는 저작물이므로 무단전재와 무단복제를 금합니다.